LA BATALLA

CONTRA MI PROPIO YO

TERCER CIELO Y DÍO ASTACIO

La batalla contra mi propio yo

por TERCER CIELO y Dío Astacio

ISBN: 978-1-942991-36-6

Publicado por
Editorial RENUEVO

www.EditorialRenuevo.com
info@EditorialRenuevo.com

Contenido

Dedicación

Dedicamos este libro a la nueva generación de personas que aspiran a conquistar esta tierra, no solo espiritualmente, sino también materialmente. Todas las cosas Dios las ha puesto en nuestras manos para nuestra conquista, disfrute y justa administración.

La batalla contra mi propio yo

Introducción

Echar la culpa de lo que no podemos lograr a otros o a las circunstancias es la manera más fácil de excusarnos ante los embates de la vida y ante los fracasos. Sin embargo, el ser humano está hecho de hábitos. Los hábitos y las actitudes conforman la naturaleza de lo que una persona es, o sea, lo define. Lo que hago, eso soy. La manera en la que un ser humano funciona envuelve tres fases importantes:

• En primer lugar, está la fase de las decisiones. Usted es quien decide hacer algo; la decisión del cambio debe venir de su parte luego de evaluarse. Ese proceso de evaluación representa una escala del uno al diez en distintas áreas de la vida; por ejemplo, si evalúo mi puntualidad, dependiendo de la puntuación que haya obtenido del uno al diez será la medida del cambio. Después de evaluarse debe reflexionar sobre lo que tiene que hacer para lograr la mejoría, y por último, deberá tomar una decisión contundente de cambio. Esa decisión será la primera fase para cambiar su vida.

• En segundo lugar, deberá hacer rutinas, y las rutinas se componen de hábitos, por eso usted debe escoger los hábitos que van a cambiar su estilo de vida. Tenga presente lo siguiente: los malos hábitos no se eliminan, se sustituyen. Así es que usted no puede dejar un hábito solo porque sí, necesitará sustituirlo por otro. Por ejemplo, si le gusta levantarse tarde y quiere ser más productivo, deberá hacer todos los esfuerzos necesarios para descubrir qué le hace levantarse tarde; posiblemente tenga que ver con la hora a la que usted se acuesta. Siendo así, el siguiente paso es hacer los arreglos para adoptar la nueva rutina de acostarse más temprano. Lo que queremos decir es que, usted no puede de la noche a la mañana decidir que va a cambiar, porque el cuerpo y la mente son muy poderosas en sus rutinas y para cambiar una rutina se necesita mejorar los hábitos. Esa es la razón por la que mucha gente solo desea cambiar, pero hay una gran diferencia entre querer cambiar y decidir cambiar. Cuando usted decide hacer algo importante y doloroso se debe producir un cambio en su vida, porque tomar la decisión significa tomar el compromiso de actuar en consecuencia. Podemos pasarnos toda la vida queriendo cambiar, pero sin tomar una decisión de hacerlo.

• En tercer lugar, luego que haya hecho estos ligeros, pero significativos ajustes, usted empezará a ver la satisfacción. Por ejemplo, la satisfacción de tener un cuerpo atractivo tiene que ver con la rutina o con el bisturí; usted es quien escoge. La diferencia entre la rutina y el bisturí ya todos la conocemos, pero además de eso, tenemos el problema de que después de un tiempo, quien escoge el bisturí y no se decide por la rutina se hará esclavo del bisturí. Las rutinas son muy poderosas y su estima crece en la medida que usted ve el resultado de su esfuerzo; por lo tanto, el nivel de satisfacción que produce una rutina no es para nada igual al de una cirugía. Los mismo ocurre en todas las áreas de la vida; si usted decide leer tres libros al mes, al cabo de un año habrá leído 36 libros, lo que representan 360 libros en diez años, así que usted puede dar un giro de 360 grados en diez años con el poder de una rutina.

La decisión de escribir este libro surgió de una conversación entre Juan Carlos Rodríguez y el pastor Dío Astacio acerca de algunos puntos de la vida cotidiana. Posteriormente, vino la llamada, y gustosamente decidimos unir la experiencia como escritor y coaching del pastor Dío, conjuntamente con las de su esposa Evelyn, y las experiencias vivenciales como artistas del dúo Tercer Cielo: Juan Carlos y Evelyn. Juntos, hemos hecho un equipo de trabajo que ha producido este libro, el cual queremos presentar con el supremo interés de que todo el que lo lea, mejore su vida y se convierta en una persona exitosa.

«La batalla contra mi propio yo» está amparado en el manual por excelencia de la vida y aunque no es un libro propiamente religioso, es un llamado a asumir y a cambiar aquellas cosas que no nos dejan ser un buen ejemplo como cristianos y tampoco nos permiten triunfar en las áreas importantes de la vida. Este será un libro que le ayudará a cambiar para bien, y de hecho, le ayudará a mejorar su relación con Dios, pues hay personas que creen tener una excelente relación con Dios, sin embargo, tienen una pésima relación con sus parejas, padres o jefes, y están llenas de malos hábitos como la impuntualidad o la interpretación ligera sobre los demás. Que en el nombre del Señor también a este grupo les sirva esta obra.

Una de las cosas más importantes que debemos puntualizar es que para leer este ejemplar se debe orar por persistencia. Romper rutinas no es tan fácil, pero romperlas y establecer nuevas rutinas es aún más difícil. Por esa razón le animamos a orar fervientemente para que el Señor le ayude a llegar hasta el final de estos 90 hábitos, los cuales usted habrá de construir y le serán de gran bendición. Acompáñenos en el viaje de la transformación y viva con nosotros la emocionante aventura de ver cambiar su vida radicalmente en 90 días.

Tercer Cielo y Dío Astacio

La batalla contra mi propio yo

Día 1

DESARROLLEMOS LA INTEGRIDAD

*Entenderé el camino de la perfección cuando vengas a mí.
En la integridad de mi corazón andaré en medio de mi casa.*

Salmos 101.2 (RVR 1960)

Entender el camino de la perfección muchas veces se torna difícil. Para permanecer en un camino es necesario transitarlo con mucha frecuencia y la frecuencia está muy relacionada a los hábitos. La integridad es un camino hacia la perfección; es un valor que se debe cultivar de tal forma que se convierta en el cimiento de la vida. No se puede ser íntegro en algunas cosas y en otras no, porque eso indica que nos hemos salido del camino y no andamos en seriedad.

Cuando decimos que una cosa es íntegra estamos diciendo que tiene todas sus partes, que está completa, que no hay mezcla en ella. Dicho de otro modo, un individuo íntegro es aquel que actúa de forma correcta, apegado a los principios que Dios ha establecido y no solo a los de la sociedad. Por ejemplo, la sociedad considera que una persona es íntegra si no roba, pero esa misma persona que no roba miente y para la sociedad de hoy día eso no significa nada.

Nuestra vida se construye según las decisiones que tomamos a cada momento y si nuestras decisiones suelen ser vacilantes e incongruentes, de acuerdo a lo que nos conviene en un determinado momento y dejando de lado los principios morales, entonces no estamos andando en integridad. Cultivar la integridad es forjar un carácter basado en principios eternos. Es actuar en todo momento según lo que de antemano hemos decidido ser ante Dios y ante los que nos rodean. Es aquel que no infama solapadamente a su prójimo, que no hace fraude ni miente, que no tiene una doble vida y que construye su vida basada en la fidelidad. Todos los valores que podemos desarrollar se pueden desvanecer si no le ganamos la batalla a la falta de integridad

Día 2

LA CONFIANZA QUE SE GANA

Pero sea vuestro hablar: Sí, sí; no, no; porque lo que es más de esto, de mal procede.

Mateo 5.37 (RVR 1960)

Muchas personas quieren encontrar seres humanos de confianza, y de hecho, la confianza es uno de los atributos que más escasea hoy día. No obstante, muy pocos individuos se dedican a ser personas confiables.

Es determinante hacerse uno mismo la siguiente pregunta: ¿Soy una persona confiable? ¿Pueden los demás estar seguros de que lo que ofrezco es justo lo que van a recibir? El hombre y la mujer de éxito, por lo general, suelen ser personas confiables. La razón por la que hacemos esta afirmación tiene que ver con que las personas mientras más alto están en la cima, más responsables necesitan ser. Es imposible permanecer en la cima sin ser confiable. Por ejemplo, Barak Obama, el presidente de los Estados Unidos, necesita estar en cientos de lugares en un solo mes; él siempre deberá llegar a tiempo a todas sus citas, de lo contrario, perdería muchas de ellas. Debe estar en la Casa Blanca, en el Congreso, visitando un hogar de niños, etc.

En la medida que avancemos se requerirá de nosotros mayor confianza. Usualmente los cristianos queremos que las personas confíen en nosotros solo porque somos «cristianos»; sin embargo, el simple hecho de llevar el título no es suficiente. Posiblemente la mejor oportunidad que usted tenga para mostrar a otros su cristiandad es la de ser una persona confiable que cumple todo lo que promete. El mundo está cansado de ver personas incumplidoras, y ese es el mayor desafío de los creyentes, ser personas altamente confiables.

Día 3

EL HÁBITO DE POSPONER

Todo lo que te viniere a la mano para hacer, hazlo según tus fuerzas; porque en el Seol, adonde vas, no hay obra, ni trabajo, ni ciencia, ni sabiduría.

Eclesiastés 9.10 (RVR 1960)

¿Alguna vez ha atrasado algo importante para el día siguiente? ¿Ha aplazado citas, reuniones de negocios, resolución de casos laborales o una reunión familiar? Es probable que piense que no tiene tiempo para hacer todo lo que hay pendiente y se sienta saturado; no obstante, debe saber que, posponer muy a menudo hará que su vida sea menos satisfactoria e influirá de manera negativa en su crecimiento personal.

Hay un viejo refrán que cita: «No dejes para mañana lo que puedes hacer hoy». Esto es realmente cierto porque cada día trae su propio afán. Tomar la decisión de hacer lo que nos corresponde en el momento indicado requiere de mucha disciplina y básicamente las personas posponen por razones como: estar cansado, tener miedo al resultado o simplemente por exceso de comodidad. La posposición se da en todas las áreas y a todos los niveles, inclusive en la iglesia. Muchos creyentes afirman que porque son cristianos o no viven conforme a la corriente de este mundo no están obligados a realizar esfuerzos en sus tareas. Pero el mismo Jesús nos dio el mayor de los ejemplos haciendo todo lo que tenía que hacer en el momento indicado, inclusive su muerte, la cual no postergó, sino que fue al Calvario para cumplir esa maravillosa obra que trajo redención y salvación.

Las personas que triunfan son aquellas que hacen lo que tienen que hacer cuando lo deben hacer. Si de verdad queremos ser productivos y personas que logran lo que se proponen, hay que dejar de postergar tanto. No tome más compromisos de los que puede llevar; hable claro con sus clientes, familiares y relacionados. Tampoco espere a estar inspirado para hacer las cosas, ¡hágalas! Utilice una agenda o una libreta en la que anote todo lo que tiene pendiente en orden de prioridades. Probablemente algunas tareas se queden sin hacer, pero usted habrá logrado lo que tenía en primer orden. Recuerde que haciéndolo es como se termina. No postergue, hágalo paso a paso si es necesario, pero hágalo.

Día 4

HUYENDO DE LA GLOTONERÍA

Andemos como de día, honestamente; no en glotonerías y borracheras….

Romanos 13.13a (RVR 1960)

En el mundo hay muchas personas que se enorgullecen de que no toman alcohol, no fuman o no tienen vicios, en especial el pueblo cristiano; sin embargo, se jactan de que el único placer del que gozan es de comer y comer en abundancia. Entre el degustar una comida para compartir y ser glotón se traza una distancia muy corta.

Ser glotón no se refiere al caso particular de una persona que sufre de obesidad, de ansiedad, de depresión o de una patología alimentaria. Una persona glotona es aquella que sin tener hambre come en exceso y lo hace de cierta manera. Lo que le empuja a hacerlo es sentir un placer, lo cual apunta a una debilidad de la voluntad y del carácter, y que puede llevar a hacer un hábito de ello.

La Biblia enseña que debemos evitar la glotonería y la pone en igualdad de condiciones que la borrachera. Cabe preguntarnos lo siguiente: Cuando observo a un borracho o alcohólico, ¿qué pienso de él? ¿No estaré actuando de igual manera, solo que con la comida? ¿Realmente tengo hambre? ¿Cuál es la motivación que tengo para comer en exceso y a deshoras?

La moderación es una gran virtud y ser moderado para comer lo que está delante también es una virtud que beneficiará su cuerpo y su salud. Haga un plan de alimentación que incluya un nutritivo desayuno, almuerzo y cena, y que tenga meriendas simples entre comidas como yogurt o una fruta (no más de dos meriendas). Ocupe su tiempo y evite la televisión, el internet y los videojuegos de manera excesiva. Dios desea que tenga una perfecta salud. Ya las pautas están dadas, solo tiene que hacer uso adecuado de ellas. ¡Comience!

Día 5

EN LA PROFUNDIDAD ESTÁ EL ORO

*Todo lo que hagan, háganlo de corazón, como para el Señor
y no para los hombres….*

Colosenses 3.23 (NBH)

Una de las cosas que más me impactan es la forma como los demás salen del paso con tres palabras: «no lo encuentro». Los niños son expertos en eso; ellos pueden con mucha facilidad decir que no encuentran algo que no han buscado y de esa forma salen del paso y la presión.

Un estudio reveló que todas las personas que han logrado trascender en un área de la vida han necesitado un mínimo de diez mil horas de trabajo consistentes para verse como seres humanos brillantes. Esto es profundizar.

Convertirse en un ingeniero cuesta cuatro años de carrera. Es de suponer que después de dedicar cuatro años consecutivos a un oficio usted debe ser un experto; y a los diez años debe ser un doctor. Profundizar es dominar algo hasta su perfecto conocimiento.

Haga de la profundidad un hábito. No sea superficial en nada de lo que tiene en sus manos. Cuando le asignen una tarea, no busque la vía más fácil y rápida para hacerla; todo lo contrario, busque todas las posibilidades para hacerlo de una forma excelente. No es justo dar lo mínimo, lo más sencillo, lo más simple o lo que menos esfuerzo nos cuesta.

Haga el compromiso de hacer las cosas de tal forma que cualquiera que las vuelva a revisar esté convencido de que un profesional le puso las manos; no deje que le pongan tachas a su trabajo en ningún área de la vida. Cuando le toque dar un informe, entregue el más completo, y si le toca buscar algo, nunca desista hasta que lo encuentre. Siempre que se le dedica el tiempo suficiente a una tarea, se obtiene el mejor resultado.

Día 6

EL DESCANSO ES IMPORTANTE

Venid vosotros aparte a un lugar desierto, y descansad un poco.

Marcos 6.31 (RVR 1960)

U n amigo nos confesaba que disfrutaba más estar en la oficina creando nuevas ideas que estando con su familia en casa. Esto es de preocupar, porque aunque nosotros mismos trabajamos en exceso, su comparación no nos pareció sana.

Hacer un balance entre el tiempo de producción y el de descanso, a veces se torna difícil. El querer cumplir con las obligaciones, los objetivos de vida, hacer dinero, creer que el tiempo no va a alcanzar, tener temor a ser despedido o de recibir un reproche, o simplemente captar la admiración de otros, puede motivar a muchos a aferrarse al trabajo sin descanso.

Trabajar y esforzarse es algo que todo ser humano debe procurar para generar los recursos de su sustento y lograr sus metas, pero hacerlo durante largas jornadas es sencillamente incorrecto. ¿Es usted uno de los que no se puede desprender ni por un momento de lo que hace? ¿Cree que no tiene tiempo para descansar? Algunos comportamientos de los que trabajan en exceso son: hacerlo durante el almuerzo, llevar el trabajo a la casa o el computador a la cama, estar constantemente generando nuevas ideas de emprendimiento, hablar a todas horas por el celular de lo que se debe hacer en términos productivos, y en los casos de los que trabajan en casa, estar todo el tiempo ordenando y buscando defectos que arreglar.

Dios desea que nos esforcemos y que hagamos todo con excelencia, pero también quiere que descansemos, que compartamos con la familia y que tomemos tiempo para hablar con él. El descanso es una necesidad del ser humano para mantenerse estable física y emocionalmente. La voluntad de Dios es que entremos en su reposo. Él mismo reposó, Jesús reposó y sus discípulos reposaron. El ocupar tiempo en las labores de manera excesiva nos hace propensos a perder los mejores años de nuestros hijos, la belleza de la intimidad en el matrimonio, la sonrisa de la madre o un tiempo de sabia conversación con el padre, la diversión sana con los amigos y la dirección de Dios a través de su palabra y de la oración. Tome la decisión de descansar, haga un plan y respételo, describa un horario justo. Después de todo, con disciplina es que se llega a la cima, y el descanso es parte de ella.

Día 7

PAGUE SUS DEUDAS A TIEMPO

Paguen a todos lo que deben….

Romanos 13.7 (RVA-2015)

«¡Soy un desastre, tengo deudas por todas partes y no sé qué hacer!» –nos comentaba un amigo. Casos como estos son más comunes de lo que creemos, inclusive entre cristianos. Hay personas que a pesar de tener buenas fuentes de ingresos se endeudan por todos lados y les cuesta pagar. Son aquellas a las que les persiguen los cobradores en sus trabajos, que reciben llamadas y grabaciones de cobros que no cesan y piensan que sus acreedores deben esperarles hasta que decidan pagar.

La Biblia nos presenta en 2 Reyes capítulo 4 la historia de una viuda que quedó con muchas deudas. Luego de la maravillosa provisión de Dios, la primera recomendación que el profeta Eliseo le dio fue: «Ve y paga tu deuda». Hay muchas personas que reciben los ingresos suficientes para honrar sus compromisos financieros, pero en vez de hacerlo, se desvían gastando los recursos en nuevas compras, visitando restaurantes costosos, cambiando a menudo sus vehículos o sus celulares, entre otras cosas semejantes.

Jesús dijo: «En lo poco fuiste fiel, sobre mucho te pondré» *(Mateo 25.21 NBLH)*; aplicado a este caso: «Si empezaste a pagar con lo poco que recibes, yo te voy a proveer de lo mucho que te falte». Salir de la deuda no es imposible si se tiene la determinación de hacerlo. Para evitar endeudarse hay que delimitar hasta cuánto es suficiente y es suficiente hasta donde los ingresos permiten hacer.

Pague sus deudas, saque un porcentaje fijo mensual para abonar, porque de lo contrario andará temeroso y se hará esclavo de lo que debe. Revise sus gastos y anótelos en una libreta, de esa manera podrá diferenciar cuáles cosas de las que ha comprado son realmente necesarias. Evite utilizar las tarjetas de crédito a menos que sean reales emergencias. Algunos esperan a tener el dinero completo para pagar y fracasan. Es mejor hacer acuerdos de pago y comprometerse con ellos. ¡Hable claro con sus acreedores! Y comience a eliminar gastos superfluos, a hacer comidas en la casa en vez de visitar restaurantes, buscar formas de entretenimiento como juegos de mesa en familia, rentar una película en vez de ir al cine, etc. Pague el mínimo de cada deuda, pero pague. Busque ayuda de una persona que sea más disciplinada si es necesario. Pero sobre todo, pague también las deudas de amor, como dijo el apóstol Pablo: «Solo deban el amor de unos hacia otros».

EL PODER DEL UNO A UNO

Y con este fin también trabajo, esforzándome según su poder que obra poderosamente en mí.

Colosenses 1.29 (LBLA)

Cuando vemos el éxito de Apple convirtiéndose hoy en la marca más cara de todo el mundo, confirmamos el poder del uno a uno. Mientras Microsoft apuntó a la masificación y por mucho tiempo ganó la carrera, Steve Jobs estaba convencido del poder de uno al uno. Se dio el tiempo y al final los resultados no se dejaron esperar.

Muchas personas creen que las cosas se logran de la noche a la mañana y siempre ven la masificación de su esfuerzo, sin embargo, el éxito muy escasamente empieza como una estrategia de masas; es el resultado que produce el trabajo de uno a uno.

Haga el hábito de comenzar algo y concéntrese en ello haciéndolo bien; logre los resultados uno por uno y luego vaya a la masificación de su esfuerzo. No deje que la falta de un resultado masivo le haga desistir de un proyecto, una idea o una iniciativa. Siga haciéndolo bien, que el éxito no se consigue con cien diciéndole a uno, sino que se consigue con la satisfacción de uno que se lo dice a cien personas.

Haga el hábito de empezar las cosas, luego perfeccionarlas y por último masificarlas. El primer carro que se hizo fue el Mercedes Benz. Benz primero hizo uno, que luego perfeccionó y por último masificó. Posiblemente él nunca se imaginó cuán lejos llegaría su marca, quizás no pensó que sus carros serían de los de mayor prestigio en el mundo, él solo hizo uno, lo mejoró y lo masificó, pero se concentró en hacerlo bien como si fuera para toda la vida. Haga usted lo mismo, piense en el poder del uno a uno y no pierda de vista el famoso refrán que dice: «Grano a grano se llena la gallina el buche».

Día 9

HAGA UNA SOLA COSA Y ENFÓQUESE

Si piensas lo que haces, tendrás abundancia; si te apresuras, acabarás en la pobreza.

Proverbios 21.5 (RVC)

Es imposible disparar a dos blancos y ser un buen tirador. Estar en una constante actividad no hará que usted sea más triunfador, todo lo contrario, las personas de éxito normalmente buscan hacer una sola cosa a la vez y le dedican la mayor cantidad de tiempo posible.

Haga el hábito de concentrarse en un solo asunto y verá el poder que tiene enfocarse. Es bueno hacerlo en cuatro áreas fundamentales de la vida. En primer lugar, defina con exactitud sus metas y objetivos. Escríbalos y léalos al menos tres veces al día. Luego que esto esté claro, enfóquese en sus prioridades, de tal manera que la improductividad no lo arrope. Enfóquese también en las personas; escoja personas que aporten a su vida y que le apoyen en su camino hacia la cima. Uno de los errores más grandes es creer que vamos a cambiar a las personas y lo cierto es que el Señor ha hecho saber a cada individuo su sentido de exclusividad advirtiendo que hay personas que nunca podrán ser parte de un triunfo. Por último, enfoque sus hábitos. La mayoría de las personas hacen hábitos inconscientes y dejan que sus hábitos los escojan a ellos, antes de ellos escoger sus hábitos.

Enfóquese en una cosa y dedique tiempo; le garantizamos que con el tiempo los resultados no se harán esperar. Haga el hábito de una sola dirección. Hasta nuestro cuerpo conspira a nuestro favor cuando estamos enfocados.

Día 10

VIVA SU HOY - EL MAÑANA NO ES SUYO

Basta al día su afán.

Mateo 6.34 (RVA)

U no de los mejores inventos, sin duda alguna, es la fotografía. Por ella podemos petrificar un momento y volver a verlo cientos de años después. No obstante, hay algo que no se puede plasmar en una foto y es lo que se siente. Disfrutar al máximo de un momento es una decisión que debemos tomar, porque podemos volver a ver gráficamente el momento, pero lo que sentimos en ese instante no se puede repetir.

Haga el hábito de vivir al máximo hoy. Nunca piense que mañana será mejor. Mañana no es suyo, es del Señor. Es a Él a quien le corresponde decidir si usted podrá continuar viviendo o no.

A menudo tomo un taxi para ir a ciertos lugares, y un acto común en algunos taxistas es estar muy desesperados por dejar el usuario para conseguir su próximo pasajero, y lo cierto es que, ellos se pierden la oportunidad de conocer a quien tienen a bordo —algo que miles de personas desearían que hicieran—, esto porque están más afanados en conseguir otro cliente, en vez de disfrutar a la persona que tienen a bordo. Tal vez esa persona puede aportar algo grande en su vida.

La vida es muy parecida a los taxistas. Hay quienes están tan pendientes del futuro que se olvidan de disfrutar el presente. Haga un paro y decídase a disfrutar a sus hijos, disfrute a su cónyuge, disfrute a sus abuelos y familiares, disfrute su empleo, su empresa; el futuro no le pertenece, sin embargo, otro podría disfrutar lo que usted ha conseguido hoy. Cuando esté en un lugar, no se afane por ir al otro, hay quienes salen huyendo de un lugar a otro, pero nunca llegan. El hoy es suyo, Dios se lo regaló; el mañana es del Señor.

Día 11

APROVECHE LAS OPORTUNIDADES DE DECIR QUE NO

El testimonio del SEÑOR es fiel, que hace sabio al ingenuo [sencillo].

Salmos 19.7 (RVA 2015)

Aprender a decir que no es más importante que aprender otro idioma. Precisamente, es la incapacidad de decir «no» lo que hace que muchas personas fracasen.

Por alguna razón se nos ha vendido la idea de que el éxito está en las personas que siempre están dispuestas a hacer todo lo que se les pide, y esto es verdad, pero solo en un 25%. La realidad es que las personas exitosas dicen más veces «no» que «sí» y cuando dicen que no, difícilmente cambien de parecer por la insistencia de otros.

Abrir nuestras mentes a que todo el mundo pueda hacernos cambiar de opinión es la fuente más abundante de fracasos, porque cuando usted dice que sí a todo, confiesa que no tiene agenda, que su mente está abierta a lo que los demás digan. El significado de la palabra «sencillo» traducida del hebreo es: «una casa sin puertas»; es decir, un lugar donde todo el mundo entra y sale cuando quiere. La palabra de Dios hace sabio al sencillo porque pone puertas a la casa. Eso quiere decir que ahora, estar dentro es la excepción y estar fuera es la regla, por lo que la sabiduría consiste en decir más veces que no en vez de decir que sí.

Haga el hábito de sopesar las cosas y luego que las piense, tome la decisión que entienda correcta, pero una vez la tome, no deje que se la cambien con facilidad. Aprenda a ser frontal y a decir que no sin que le duela. La mayor parte de las insatisfacciones, traiciones, fracasos y malos ratos, vienen de nuestra debilidad para decir «no» a algo o a alguien.

LA META NO SE GUARDA, SE ACARICIA

Olvidando ciertamente lo que queda atrás, y extendiéndome a lo que está delante, prosigo a la meta, al premio del supremo llamamiento de Dios en Cristo Jesús.

Filipenses 3.13–14 (RVR 1960)

Muchas personas ponen metas grandes en su vida, pero el tiempo que le dedican a revisarlas es muy escaso. Quien no tiene un blanco para disparar nunca falla en su tiro. Las metas hablan a nuestra mente de forma constante, siempre que las acariciemos, las revisemos y las re-definamos. Hacer una meta y guardarla es igual a no cumplirla, y lo cierto es que así vive el 97 por ciento de los seres humanos, con metas que nunca revisan, que nunca acarician y que solo escriben; muy pocas veces les dan el debido seguimiento y casi nunca las vuelven a leer.

Haga el hábito de revisar al menos tres veces al día sus metas. No deje que ellas se oculten y que se conviertan en un papel del pasado; póngalas en una carpeta de trabajo y revíselas cuantas veces pueda. Compare sus metas con sus resultados y se dará cuenta de cuánto le falta o cuán cerca está de lograrlas.

El mayor compromiso de un ser humano es el que tiene con Dios y el que tiene consigo mismo. Si usted dice tener metas, pero no hace de ello un tema serio al que le dedica gran parte de su tiempo y de su esfuerzo, entonces no está siendo responsable con usted mismo y eso es fatal para quien quiere ser exitoso.

El señor Jesús hablaba siempre los mismos temas todos los días, y mantenía a sus discípulos enfocados en las mismas cosas: el establecimiento de su reino en la tierra y la salvación del hombre. Si quiere tener un resultado en estos noventa días, no deje que sus metas sean una teoría; hágalas prácticas y comprométase a revisarlas todos los días con seriedad y ahínco.

Día 13

HAGA SUYAS LAS PROMESAS

Acuérdate de la palabra que diste a este siervo tuyo, palabra con la que me infundiste esperanza.

Salmos 119.49 (NVI)

Muchas personas usan prometer cosas a los demás. De vez en cuando nos quedamos esperando que esa persona que hizo la promesa cumpla con lo que prometió, sin embargo, uno debe saber que el triunfador es un Pitbull y los Pitbulls cuando muerden, no sueltan. Es por ello que cuando llega un acuerdo o una promesa, el que lo reciba no dependerá de la otra persona; dependerá de usted.

Haga el hábito de dar seguimiento a las promesas que los demás le hacen. Tómelas en serio y haga que las mismas se cumplan; no se siente a llorar y a decir que los demás son unos incumplidores y poco confiables, porque nuestra agenda, nuestro presupuesto y nuestro flujo de caja se llena de los acuerdos y promesas que hacemos con los demás. Si estas personas no cumplen, ellos serán los culpables, pero usted será responsable de no asumir sus compromisos más adelante.

La gente de éxito le da seguimiento a las promesas, esto porque ellos mismos cumplen sus promesas. Así que si le dicen a usted algo, es porque están dispuestos a cumplir, y si usted es el que promete, ellos piensan que se cumplirá porque ambos son igualmente responsables. Por tal razón, haga que los demás le cumplan en lugar de quejarse.

En la medida que llenamos nuestras agendas con promesas incumplidas, seremos también seres sin capacidad de respuestas. Haga suya todas las promesas, tómelas con un alto nivel de seriedad y hágale sentir a los demás que usted es una persona que no tiene tiempo para espacios en blanco y promesas incumplidas. El éxito consiste en cumplir y hacer cumplir todos los pequeños detalles de la vida. Las personas muy flexibles atraen el fracaso.

Día 14

REGALE TODO LO QUE PUEDA

Más bienaventurado es dar que recibir.

Hechos 20.35 (RVR 1960)

A todos los seres humanos les atrae la idea de sentirse distinguidos y halagados. Recibir regalos resulta bastante grato, no obstante, son muy escasas las personas a quienes les gusta regalar con la misma intensidad.

Dar presentes es algo que le puede abrir muchas puertas y le permitirá agradar a las personas que le rodean y conservar relaciones. No todo el mundo tiene el nivel de objetividad y enfoque que nosotros podríamos desarrollar, pero en ese enfoque podríamos perder de vista los pequeños detalles y los momentos de felicidad, esos que son vitales para tener buenas relaciones y recibir la alegría de las demás personas.

Haga el hábito de regalar y de hacerlo de forma consistente en las fechas tradicionales, porque aunque a usted no les gusten las tradiciones, a las demás personas sí les gustan, y si están esperando que usted les haga un regalo en esa fecha, no ignore la oportunidad que tiene de mostrar a otros su cariño.

Aproveche cada fecha importante y tenga una lista de personas a las cuales debe regalar. Empiece por su pareja, sus padres, sus hijos, sus líderes, clientes etc., y busque siempre momentos para hacerles sentir que ellos son especiales y que usted los tiene pendiente. Haga de esta práctica un sello personal que le distinga por ser una persona generosa y detallista; esto traerá de vuelta mejores relaciones, y por supuesto, que a su tiempo, también va a recibir los regalos de otros en retorno.

El que no sabe regalar desconoce uno de los mejores hábitos y una de las fórmulas más importantes para triunfar.

Día 15

LOS MINUTOS CUENTAN

Y agradó al rey enviarme, después que yo le señalé TIEMPO.

Nehemías 2.6 (RVR 1960)

Un día se compone de minutos; un round sobre un ring son unos tres minutos; para los fanáticos del boxeo parece un mundo, pero es así. Cuando vemos los minutos en toda su dimensión, podríamos aprovechar más el tiempo.

Es una tradición latinoamericana dar poca importancia a los minutos, por lo que empezar una reunión diez minutos tarde no suele ser un problema; de hecho, el estándar latinoamericano es que 30 minutos no representan un atraso en tiempo. Es como una libertad que podemos darnos en cualquier escenario.

Es obvio que el respeto al tiempo está relacionado con el desarrollo; por esa razón los países más desarrollados suelen ser más estrictos con el uso del tiempo que los países del tercer mundo.

Una de las cosas que hemos observado de los hombres de éxito es su puntualidad. Haciendo un ejercicio en varias ocasiones hemos invitado a hombres exitosos a una reunión y al mismo tiempo hemos convocado a personas comunes. Increíblemente, los hombres y mujeres que han alcanzado éxito llegan primero que el resto. Para ellos los minutos cuentan y no toleran perder tiempo. Un hombre de negocios que gana 50 mil dólares al mes puede entender perfectamente que cada minuto cuenta.

Si quiere desarrollarse, si quiere avanzar, haga el hábito de ser estrictamente puntual y de respetar los minutos con una rigurosidad enfermiza. Al hacer esto, se dará cuenta de cuántos impuntuales hay a su alrededor, pero verá también cómo consigue mejores parqueos, mejores asientos, puede disfrutar la mejor parte de los eventos. La diferencia entre el fracaso y el éxito está muy vinculada con el concepto del manejo del tiempo.

Día 16

PIDA PERDÓN

Así que procuremos lo que contribuye a la paz y a la edificación mutua.

Romanos 14.19 (LBLA)

Hay una famosa dinámica de reflexión que consiste en tomar un papel y estrujarlo en las manos para luego tratar de dejarlo en la condición que se encontraba inicialmente. Obviamente, el papel nunca llega a ponerse como estaba; por más que se extienda o se planche, quedará con todas las marcas que se le ha impregnado. Herir a las personas es algo muy similar. Cuando llegan momentos de cólera o de incomodidad, lanzamos toda clase de palabras hirientes. Los estrujamos y los arrugamos a tal punto que dejamos marcas en sus corazones que aún arrepintiéndonos no son fáciles de borrar.

Pedir perdón es algo que a la mayoría de las personas les cuesta hacer, sobre todo si se tiene la razón. Sin embargo, una persona que pide perdón está demostrando que posee un gran carácter. Si observamos los camiones que recogen la basura, nos daremos cuenta que generalmente dejan pequeños restos en la calle. La reacción que tenemos es de querer que los empleados se devuelvan a recoger todo lo que han dejado tirado, a pesar de que hacen el intento de recolectar los desperdicios. Pedir perdón es exactamente eso, devolverse ante aquellos que hemos herido para recoger basura por basura, desperdicio por desperdicio. Solo así, estaremos dejando el corazón del ofendido lo más limpio posible.

Decida hoy mismo ir a pedir perdón. Pídalo tantas veces sea necesario. Usted puede hacer de la crisis algo para mejorar si la encamina por el sendero correcto. No se defienda, porque hacerlo reanima aún más la ofensa. Haga el hábito de disculparse aunque tenga la razón. No pida una simple disculpa informal como suele hacer la mayoría; distíngase por ser una persona que aprecia la relación que tiene con los demás. Una persona que se considere valiente y de carácter debe aprender a pedir perdón, pues esto le hará ver a la persona ofendida cuán importante es para usted. Póngase en el lugar del otro y acérquese para que pueda sentir lo que siente. La mayoría de los hombres y mujeres de éxito que conocemos a través de la historia, se caracterizaron por pedir perdón y perdonar en su momento.

Día 17

LA IMPORTANCIA DE AHORRAR

…Los necios gastan todo lo que consiguen.

Proverbios 21.20 (NTV)

La mayoría de las personas normalmente se sienten acorraladas por sus deudas y debido a esto piensan que no pueden ahorrar. Muchos alegan que no les sobra nada para hacerlo.

Ahorrar es separar una parte del ingreso para futuras necesidades. En lo personal hemos visto que si no nos disponemos, nunca sobrará nada para guardar. La única forma de ahorrar es proponerse hacer el hábito sin importar lo que haya que dejar. Si analizamos nuestros gastos, nos daremos cuenta de que, muchos de los bienes u objetos que adquirimos pudimos haber guardado el dinero para ahorrarlo. ¡Cuántas pizzas compramos, cuántos detalles sin importancia adquirimos y ponemos la excusa de que no nos alcanza para ahorrar!

Ahorrar es algo que no se fomenta mucho porque el consumismo nos arropa. El ser humano promedio solo sabe cuánto gana, pero nunca sabe cuánto gasta. Muy pocas personas determinan un presupuesto que incluye lo que van a ahorrar e increíblemente hemos sabido de personas que estuvieron alguna vez en la cúspide de la riqueza, pero luego llega la crisis y se ven en extrema pobreza.

Ahorrar permite tener mayor poder de negociación. No se trata de una carrera de velocidad, sino de una carrera de resistencia. Más allá de abrir una cuenta de ahorros en una entidad financiera, se trata de tomar acciones para lograrlo. Propóngase ahorrar una cantidad fija mensual y haga de cuenta que es un dinero que debe y tiene que pagarlo. Evalúe en qué está gastando el dinero y haga un presupuesto. Lo bueno de hacer un presupuesto es que tendrá un control por adelantado. Si tiene muchas deudas, establezca un plan de pago que no afecte lo que ha decidido ahorrar. Al principio será muy mínimo lo que guarde, pero conforme pase el tiempo, si es determinado y disciplinado, verá los resultados.

Ahorre la energía eléctrica, el agua, el tiempo. Enseñe a sus hijos a ahorrar. En la mayoría de los hogares encontramos muchos juguetes, pero muy pocas o ninguna alcancía. El uso del dinero requiere de mucha sabiduría y la Biblia nos promete que aquel que pide sabiduría a Dios, le será dada abundantemente y sin reproche. Benjamín Franklin, dijo: «Un centavo ahorrado es un centavo ganado».

Día 18

EL PODER DE LA ORACIÓN

Clama a mí, y yo te responderé, y te enseñaré cosas grandes
y ocultas que tú no conoces.

Jeremías 33.3 (RVR 1960)

Orar es un hábito valioso. En medio de tantos afanes y metas por alcanzar, en medio de tantas dificultades, muchas veces nos sentimos desfallecer y ciertamente que el cansancio y la ansiedad forman parte de la vida de las personas que desean echar hacia adelante. Son esos los momentos en los que necesitamos la dirección de Dios, quien es superior a todo lo que nosotros como seres humanos podemos ver y entender.

El ser humano capaz reconoce sus limitaciones y es en medio de esas limitaciones que el poder de Dios se manifiesta. La Biblia nos exhorta a que cuando estemos afanados presentemos nuestras peticiones delante del Señor en toda oración y ruego, y con acciones de gracia.

Ha sido a través de la oración donde muchas personas han encontrado paz en medio de la tormenta, sanidad física en la enfermedad, consolación en medio del dolor, provisión en la necesidad, quietud para reconsiderar las decisiones, soluciones a múltiples conflictos, pero lo más importante es que en la oración encontramos la respuesta y la presencia de Dios mismo.

Cuando Dios declaró al profeta Jeremías estas palabras, éste se encontraba en la cárcel. Hay muchas cosas que nos son ocultas porque no las entendemos en determinado momento, pero si clamamos, Dios dice que nos serán reveladas. Si Dios ha prometido responder, entonces ¿qué espera para clamar a él? En medio del ímpetu de lograr cosas, es necesario apartarse y tomar tiempo para hablar y escuchar al que nada le resulta imposible.

Día 19

EL TIEMPO DE HACER SILENCIO

Aun el necio cuando calla, es contado por sabio….

Proverbios 17.28 (RVR 1960)

Una persona que ha rebasado la indiscreción y la imprudencia al hablar ha entendido que el silencio en el momento oportuno es parte del crecimiento. Saber callar en ocasiones es más trascendental que saber hablar, pues el que mucho habla, mucho yerra, dice la Biblia; y ciertamente cuando las personas son desbocadas y dicen todo lo que les viene a los labios decir, cometen grandes errores.

Abraham Lincoln dijo: «Más vale permanecer callado y que sospechen tu necedad, que hablar y quitarles toda duda de ello». Uno debe antes de hablar medir el impacto de lo que va a decir, porque en las muchas palabras no falta el pecado. *(Proverbios 10.19 RVR 1960)* Hacer silencio implica: no defenderse en momentos de acusación aun cuando sabes que estás en lo correcto, no deplorar con palabras fatuas a aquellos que expresan una idea con la que no estamos de acuerdo, no levantar opiniones a la ligera sin conocer profundamente lo que se nos expone, hacer silencio es callar en momentos de enojo y de ira, es recibir con humildad una llamada de atención, es no interrumpir al que habla, es no perder tiempo en conversaciones vanas y triviales, es ser discreto sin cubrir las mentiras, es permitir a los demás expresar sus opiniones sin meter en medio nuestros argumentos.

Aun las notas musicales tienen su tiempo de silencio. Si lo que va a decir edifica más que su silencio, entonces hable. A lo largo de la vida vemos hombres sabios que con solo ver lo que reflejan en su rostro de meditación, han sido más elocuentes que mil palabras. No se trata de callar por callar, se trata de callar porque es necesario hacerlo. La prudencia de callar a tiempo puede llegar a ser en nuestra vida un hábito que nos proporcionará maravillosos beneficios.

Día 20

HAY TIEMPO PARA ORDENAR

Todo tiene su tiempo, y todo lo que se quiere debajo del cielo tiene su hora.

Eclesiastés 3.1 (RVR 1960)

¿Se ha detenido a observar cómo están colocadas sus cosas? ¿Acumula trastos o deja ropa tirada sin piedad? ¿Le pasa que alguien siempre está recogiendo lo que usted deja por doquier? Cuando necesita rápidamente un objeto o un documento, ¿está completamente seguro en dónde lo puede encontrar? Las órdenes que da a otros ¿están sustentadas en lo que de antemano usted ha organizado al menos mentalmente?

Ordenar requiere de bastante disciplina, porque es un tiempo que las personas no están dispuestas a invertir. El desordenado cree que si se detiene tres o cinco minutos a colocar las cosas en su debido lugar está perdiendo tiempo; sin embargo, el orden va muy de la mano de la planificación. Quien es desordenado generalmente no sabe dónde coloca las cosas y la planificación requiere de estructurar aquello que deseamos hacer, por tanto, ordenar también es planificar.

¿Por qué llamamos a una empresa Organización? Esta palabra se deriva de la palabra «organizar» que no es más que la acción o el efecto de estructurar algo y de distribuirlo de manera conveniente. Por tanto, las personas que se consideran parte de una Organización deben actuar en consecuencia.

La Biblia nos exhorta a hacerlo todo decentemente y en orden. *(1 Corintios 14.40)* El desorden atrasa a las personas y afecta la salud, pues la acumulación genera polvo. Le proyecta como una persona que no tiene consideración hacia los demás, porque el desorganizado tira cosas sin importarle quién las está recogiendo detrás. Hasta para recibir la vida eterna hay que estar organizado. Si usted hace el ejercicio de poner las cosas en el lugar correcto inmediatamente, se dará cuenta de cuán fácil será buscarlas en el momento que las necesite. El orden facilita la toma de decisiones y aumenta el rendimiento. Le hace ganar tiempo, dinero y descanso; aporta temple al individuo. Ordenar es un hábito que necesita ser desarrollado para lograr una organización no solo de las cosas materiales, sino de nuestra propia vida. Enseñe a sus hijos desde pequeños a ser ordenados; establezca reglas, pues eso también les hará más cooperadores.

Día 21

DIEZMAR ES UN HÁBITO DE FE

Y le dio Abram los diezmos de todo.

Génesis 14.20 (RVR 1960)

¿Ha escuchado hablar de Abraham, el padre de las multitudes? Independientemente de las creencias o la religión, muchas personas han escuchado algo sobre este personaje de la Biblia.

Abraham fue un hombre próspero de la tierra de Ur de los Caldeos. Lo más llamativo de la vida de este hombre fue el pacto que Dios estableció con él, no solo dándole un hijo en su vejez y haciéndolo Padre de multitudes, sino por la actitud que tuvo al recibir la bendición de parte del sacerdote Melquisedec. La postura que tomó este hombre de negocios fue retornar en gratitud el diezmo de todo lo que había conquistado.

Diezmar es devolver a Dios la décima parte de lo que recibimos y el primer beneficio que él nos otorga es la vida. Ahora bien, si Dios está en el cielo, ¿cómo le entrego eso? ¿Por qué he de hacerlo? ¿Qué uso se le dará? ¿Por qué debo confiar parte de lo que recibo a un pastor o sacerdote? Estas son las preguntas que confunden a la mayoría de las personas que no han experimentado la gran bendición que representa el hábito de diezmar. La Biblia establece a quiénes debe ser remitido el diezmo, para qué y por qué. *(Números 18 y Malaquías 3)*

Muchas personas piensan que si diezman u ofrendan, están perdiendo dinero; sin embargo, están más que dispuestas a gastar en cosas irrelevantes. El ser humano es entendido para saber que los impuestos son necesarios si recibimos beneficios como ciudadanos. De la misma forma, hemos de entender que cada día recibimos beneficios del Dios altísimo. No se trata de hacer un intercambio con Dios como muchos creen, se trata de ser agradecidos y ser un instrumento para que su reino de amor y misericordia continúe avanzando.

Algunos se excusan diciendo: no sé nada sobre eso; me preocupa mucho cómo lo utilizan; Dios no necesita nada de nosotros; el diezmo es una ley del viejo testamento; soy demasiado pobre, si doy el diezmo no me va a alcanzar; no me interesa; prefiero dar a las instituciones caritativas, etc. Sin embargo, si usted acepta las ofertas de Dios, entonces debe estar dispuesto a obedecerle.

Con respecto al diezmo, hay mucho por entender. Los hábitos se constituyen en desafíos y diezmar resulta ser un gran desafío, por lo que es un acto de fe. Abraham lo comprendió muy bien y por eso resultó ser uno de los hombres más bendecidos y prósperos de la historia del mundo.

Día 22

UNA ACTITUD FRENTE A LOS PROBLEMAS

Bendeciré a Jehová en todo tiempo; Su alabanza estará de continuo en mi boca.

Salmos 34.1 (RVR 1960)

La actitud que asumimos ante los problemas de la vida es fundamental. Cuando se reciben buenas noticias y todo marcha como queremos se hace más fácil adoptar una actitud de alabanza a Dios. Sin embargo, cuando llegan las malas noticias y las cosas salen como no esperábamos, mantener un espíritu de alabanza es un desafío.

La alabanza nos provee meditación, lo cual es beneficioso para tomar ciertas decisiones. Sin importar cuál sea la decisión, si al momento de tomarla nos encontramos tensos, cargados y malhumorados, es más probable que nos acerquemos a la equivocación, y una decisión, por simple que sea, podría significar el éxito o el fracaso de lo que emprendemos.

Desde la perspectiva Bíblica, la alabanza vence más enemigos que la fuerza. El mayor ejemplo lo encontramos en el rey David, a quien se le atribuyen la mayoría de los Salmos. Hacer el hábito de alabar a Dios en medio de cualquier circunstancia nos hace ver lo mejor de la vida, porque mientras unos se hunden en sus quejas, sus frustraciones y pesimismo, las personas que tienen actitud de alabanza llevan ánimo a los que les rodean.

Hoy en día se necesita de más personas que motiven a los demás y que los lleve a ver la vida con mayor entusiasmo; necesitan a alguien que les haga entender que todo no está perdido y que hay esperanza. Forme el hábito de alabar a Dios en toda circunstancia. Sonreír es una forma de hacerlo, demostrar una actitud positiva en medio de un ambiente tenso es alabar a Dios. La alabanza tiene que ver con nuestra actitud en medio de una dificultad, donde usted puede decir: «Bendeciré a Dios en todo tiempo, su alabanza estará de continuo en mi boca».

Día 23

LEA TODO LO QUE PUEDA

El que es sabio tiene gran poder, y el que es entendido aumenta su fuerza.

Proverbios 24.5 (NBLH)

Para mí fue de mucho gozo recibir tres certificados de premios para mis hijas en el mes de la lectura que cada año se realiza en su escuela. Las tres fueron galardonadas por haber leído una buena cantidad de libros.

Leer es uno de los hábitos que más nos encamina hacia el éxito. Nos dota de una base intelectual que permanece para toda la vida. En un mundo que va hacia lo digital, lo más fácil y lo menos complicado, lamentablemente este hábito se ha ido perdiendo y nos damos cuenta por la gran cantidad de faltas ortográficas que vemos, especialmente en las redes sociales.

Leer mejora la memoria. Estudios neurológicos dan cuenta de que las personas que ejercitan su cerebro a nivel cognitivo tienen menos probabilidades de desarrollar enfermedades como el Alzheimer, y entre los estimulantes del cerebro, además del rompecabezas y la escritura, la lectura es uno de los principales. Decida leer. Se sorprenderá de cómo irá adquiriendo un mayor conocimiento, su vocabulario comenzará a presentar cambios, mejorará la ortografía, tendrá más temas para conversar y experimentará un progreso en todas las áreas de la vida.

Escoja libros de crecimiento espiritual, de desarrollo personal, obras de literatura clásica; lea la Biblia. La lectura puede tener un impacto positivo o negativo dependiendo de lo que escojamos leer, ya que abundan obras que lejos de edificar, dañan el pensamiento. Escoja libros cuando tenga que hacer un regalo. Inculque a sus hijos este hábito, enséñeles que un libro es un tesoro de mucho valor. Bien dijo el gran poeta Rubén Darío: «El libro es fuerza, es valor, es alimento, antorcha del pensamiento y manantial de amor».

Día 24

NO SE VICTIMICE - DEJE LA QUEJA

Florecerá la vara del varón que yo escoja, y haré cesar de delante de mí las quejas de los hijos de Israel con que murmuran contra vosotros.

Números 17.5 (RVR 1960)

Cuando perdemos la visión de lo objetivo, nos amargamos y nos victimizamos. Quejarse es una actitud de víctima, y las víctimas no avanzan porque siempre están llorando y lamentándose por lo que no han recibido.

Una persona que se queja de todo lo que ocurre y que siempre cree que los demás quieren hacerle daño, llega a convertirse en un ser desagradable para quienes le rodean. Quejarse de su familia, de sus líderes, de su ambiente de trabajo, de los gobiernos, de su iglesia y pensar que los demás tienen la culpa de lo que no ha podido hacer o alcanzar es un acto de ingratitud y de pereza. Ese ejemplo lo podemos ver en el pueblo de Israel cuando iba por el desierto camino a Canaán. Mientras Dios suplía agua, maná, protección y durabilidad a sus vestidos, el pueblo se mantenía criticando y victimizándose. Por esa actitud de crítica y victimismo pasaron más tiempo de lo que debieron en medio del desierto.

A Dios no le gustan las quejas, la ingratitud y las constantes críticas. Muchas personas entienden que lo que hacen o dan, por muy mínimo que sea, merece el mayor de los reconocimientos. Otros piensan que los demás están obligados a resolver sus problemas y cubrir sus insatisfacciones, lo que provoca que no hagan todo lo que tienen que hacer. Aquel que tiene una vida de quejas y de lamentos, y que se la pasa echando la culpa a los demás de sus problemas y desgracias no avanza en la vida.

Comprométase a no quejarse y a no victimizarse. Sepa que usted es el responsable de lo que se le confía en las manos y es usted el único responsable por cómo maneja su vida. Comience a hacer el hábito de dar gracias en vez de quejarse. Deseche las excusas y aprenda a asimilar golpes. En la vida hay que estar preparado para recibir golpes que vienen de distintas vías, así que levántese y continúe hacia delante, pero no se victimice.

Día 25

PIENSE MÁS Y MEJOR

Mi boca hablará sabiduría, y el pensamiento de mi
corazón inteligencia.

Salmos 49.3 (RVR 1960)

Muchas personas creen que los buenos pensamientos fluyen automáticamente y que no tenemos que hacer nada para generarlos. Lo cierto es que las personas que piensan de esta manera están equivocadas. Una y otra vez se ha demostrado que el ser humano bajo presión puede generar pensamientos que van muy por encima a los que genera habitualmente en situaciones normales. Esto refleja que es posible generar pensamientos superiores si uno se dispone a hacerlo.

En vista de que vivimos en un mundo muy industrializado, las personas piensan menos y se robotizan más, y siendo honestos, hay momentos en donde es menos riesgoso tener un robot que una persona. El asunto es que cuando usted piensa, se diferencia de un robot y de un animal; por tanto, dedicar tiempo a pensar, a generar ideas y a analizar lo que llega a las manos es un hábito que mantiene el cerebro activo, provee optimismo, ideas creativas, habilidades para la solución de problemas y mayor confianza.

Haga el hábito de pensar en cosas de importancia, de analizar las cosas desde una perspectiva amplia; esto hará que su cerebro se comporte de una manera diferente. No crea todo lo que le dicen, todo lo que lee o lo que ve; piense, razone y cuestione las cosas. Piense en la mayor cantidad de detalles posibles, anote todas las opciones, pero haga el hábito de pensar; esta es la facultad que hace al ser humano ser el líder del Edén. Dios le otorgó la responsabilidad de administrar y con ella le dio las facultades para pensar, para tomar decisiones y para prever el peligro. Usted y yo hemos sido creados a imagen y semejanza del creador, lo cual nos desafía a pensar. Piense que pensar es gratis, no le cuesta nada.

Día 26

HAGA AMIGOS

El hombre que tiene amigos ha de mostrarse amigo; Y amigo hay más unido que un hermano.

Proverbios 18.24 (RVR 1960)

Heráclito el famoso filósofo griego llegó a decir: «Nadie se baña dos veces en un mismo río». Esa es una realidad, producto del movimiento del agua hacia abajo.

Conservar amigos tiene un alto costo, sin embargo, la amistad, a diferencia de un río, es un hábito que se debe cultivar todos los días. Cuando llegamos a un sitio tenemos dos opciones: conocemos a las personas o las ignoramos y seguimos adelante.

Haga el hábito de hacer amigos donde quiera que vaya y

hágalos más allá del Facebook. Construya una red de amigos, pues quien tiene más amigos tiene mayores oportunidades para el triunfo. Son los amigos los que muchas veces nos ayudan cuando enfrentamos problemas; ellos nos dan soporte cuando los necesitamos.

Cultivar con energía el sentido de la amistad es tan valioso como hacer dinero. De hecho, algunos amigos le ayudarán a resolver problemas que con dinero sería imposible resolver. Al hacer amigos usted tendrá puertas abiertas que lo pueden llevar muy lejos. No desperdicie la oportunidad de hacer buenos amigos. Nunca pase por alto el contacto con otras personas; distíngalas, conózcalas, quédese con sus datos y dé seguimiento hasta consolidar una amistad. Los amigos nunca sobran.

Día 27

PREVER NOS HACE FELICES

El hijo prevenido se abastece en el verano, pero el sinvergüenza duerme en tiempo de cosecha.

Proverbios 10.5 (NVI)

Si usted saliera de vacaciones hacia un país desconocido, lo ideal sería que fuera con la suprema intención de ser feliz. Sin embargo, ocurre que al llegar al aeropuerto, se da cuenta de que su tarjeta de crédito está vencida, por lo que no puede rentar el carro que necesita para transportarse. Decide entonces que su esposa haga la transacción con su tarjeta y se necesita la licencia de conducir de ella, pero ¡sorpresa! la licencia de su esposa también está vencida. Toda su felicidad se va al piso, no por falta de amor ni por falta de romance, sino por falta de previsión.

La planificación es parte fundamental para la felicidad, y con ella la previsión. Previsión viene del verbo prever y tal como la misma palabra refiere, es la visión o el conocimiento que se tiene por anticipado de algo. Es la preparación de los medios necesarios para prevenir posibles males o incomodidades. Con la falta de previsión llega la frustración y ésta a su vez se hace acompañar de la confusión, y si lo del ejemplo anterior es su caso, se vería fácilmente varado en un aeropuerto de cualquier lugar del mundo buscando opciones que descuadran su presupuesto y su felicidad.

Ser feliz está vinculado con el tiempo que se dispone para construir la felicidad por adelantado. Si usted no previene, podría convertirse en una persona muy insatisfecha, y más que eso, puede crear un mundo de infelicidad a su alrededor, provocando enormes inconvenientes y discusiones con personas a las que aprecia. Al no planificar o prever, ponemos en riesgo a nuestra familia, nuestro negocio y nuestro futuro.

Prevea todo lo que puede prever y deje lo demás a Dios. Construya escenarios posibles y reacciones posibles en los distintos escenarios. Busque opciones, revise sus documentos, haga cálculos, lleve dinero extra, revise sus despensas; antes de salir observe si le falta algo y si todo está en el debido orden. Reserve con tiempo, vea todas las instrucciones y lleve dinero en efectivo. Sea feliz, planifique lo que va a hacer y prevea todo lo que necesite llevar.

Día 28

EL HÁBITO DE HABLAR LA VERDAD

El labio veraz permanecerá para siempre; Mas la lengua mentirosa sólo por un momento.

Proverbios 12.19 (RVR 1960)

Declarar la verdad es sinónimo de proceder con justicia. Una persona que persigue el hábito de hablar la verdad bajo cualquier circunstancia es una persona de corazón firme. Es por esta razón que el famoso dicho dice: «El que habla la verdad no necesita tener buena memoria», ya que no importa lo que haya dicho o cuándo lo haya dicho, eso será así para siempre; muy por el contrario, el labio mentiroso se desvanece y sus palabras no se establecen, porque tarde o temprano la verdad siempre sale a relucir.

Muchas personas utilizan la mentira como un instrumento para negar una realidad que están enfrentando, para obtener algo que desean, para no declarar una falta o como mecanismo de defensa para proteger la autoestima o quedar bien con otras personas; sin embargo, una mentira es capaz de destruir no solo personas, sino familias, instituciones y aun naciones.

La verdad hace confiable a quien la dice, no tiene de qué temer, pero el que miente es como aquel famoso niño del cuento del lobo, que cuando realmente el lobo llegó nadie le creyó. Proceder con engaño es colocarse una bomba en la espalda, solo es cuestión de tiempo.

No deje que la mentira lo absorba, no dé más excusas y comprométase con el hábito de decir la verdad no importa lo que pase. No esconda su realidad, más temprano que tarde las personas verán en usted un ser humano confiable y ganará el respeto de todos. Para llegar al éxito tenemos que ser conscientes de nuestra realidad; si nos valemos de la mentira para lograr lo que queremos o para quedar bien frente a otros, experimentamos fatídicos resultados.

Día 29

ESCUCHE CON ATENCIÓN

Ciertamente el obedecer es mejor que los sacrificios, y el prestar atención que la grosura de los carneros.

1 Samuel 15.22 (RVR 1960)

Siempre me preguntaba por qué los sordos no hablan, y lo cierto es que es imposible hablar si desde pequeños no codificamos los sonidos. De igual manera, cuando no oímos a los demás es imposible reaccionar correctamente.

Uno de los peores hábitos que podemos adoptar es el de no escuchar, y el no hacerlo tiene varios significados. Por ejemplo, no devolver las llamadas telefónicas significa no escuchar a las personas. Si usted quiere hacer una prueba, llame a diez personas exitosas y llame a diez que no lo son. Le podemos garantizar que las personas exitosas van a devolver las llamadas más rápido que quienes no lo son. La razón por la que lo hacen es porque tienen el hábito de escuchar, de responder y de estar atento a lo que dicen los demás.

Al escuchar y tomarse tiempo para atender a las personas, podrá conseguir muy buenas ideas. El éxito está a la distancia de una idea y las personas que no escuchan se pierden de muchas oportunidades para aprender de los demás, solucionar problemas, servir y por supuesto evitar momentos desagradables.

Haga el hábito de escuchar atentamente siempre que pueda. Desarróllelo con su pareja, sus hijos, sus empleados y con todos sus relacionados. Cuando no pueda hacerlo, entonces diga: «No te estoy escuchando, por favor hablemos más adelante». Eso incluye devolver los e-mails, los mensajes, las llamadas y toda muestra o necesidad de conversación que le manifiesten los demás.

Día 30

HABLE CLARO

Así sucede con ustedes, si hablan con palabras que no se pueden entender, nadie va a saber lo que dijeron. Será como hablarle al viento.

1 Corintios 14.9 (PDT)

Por alguna razón a las personas no les gusta ser específicos en lo que quieren comunicar, pero cuánto más clara sea la información, más resultados positivos traerá. Hablar con claridad y ser específico le ahorrará muchas confusiones, malos entendidos y gastos de dinero.

Una de las mejores herramientas de hoy día es el GPS, el cual nos lleva de forma directa a la dirección que le establecemos. Sin embargo, no importa lo avanzada que sea la aplicación que el equipo tenga, si no tenemos la dirección exacta a la que queremos llegar, simplemente no funcionará. La especificidad es un requisito para que el aparato nos lleve hacia donde queremos. Lo mismo sucede con la comunicación, con las relaciones y con la toma de decisiones; si no somos claros y específicos al hablar y al decir lo que queremos y lo que no queremos, siempre vamos a manejar numerosas confusiones.

Determine hablar con claridad y diga las cosas de la manera más específica posible para que no lleguen las sorpresas. Eso le convertirá en un comunicador eficaz. No hay nada más frustrante que decir algo que los demás dicen no haber entendido, pero esto se debe tal vez a nuestra falta de objetividad y claridad. Las demás personas siempre se hacen su propia visión de lo que se les pide y algo que parece sencillo se complica. Repita lo siguiente: Hoy me comprometo a ser específico y a tomar el tiempo necesario hasta que el otro me pueda comprender; a decir las cosas con la mayor sencillez, pero con la mayor cantidad de detalles posibles. Si adopta la práctica de ser claro y específico, será más feliz y tendrá el resultado que espera.

Día 31

PLANIFIQUE, PLANIFIQUE

¿Y qué rey, cuando sale en campaña contra otro, no se sienta antes a considerar si con diez mil hombres puede enfrentar al que viene contra él con veinte mil?

Lucas 14.31 (LPD)

Ver las cosas desde una óptica espiritual es bueno; sin embargo, muchas veces sacamos de contexto lo pragmático. Aún la fe debe ser ejercitada y un buen ejercicio de las cosas requiere de planificación.

Planificar es buscar la manera de alcanzar un objetivo determinado. Dejar que las cosas ocurran al azar no es un hábito de personas que tienen fe, porque los individuos con fe están seguros de que lo que persiguen va a suceder y por eso planifican.

Un plan verdadero tiene un objetivo claro y definido. Por grandes que sean nuestras metas y objetivos, deben tener claridad. Una de las razones más comunes por las que las personas fracasan es por no tener un objetivo definido y claro de lo que van a hacer, cómo lo van a hacer, cuándo lo van a hacer y qué herramientas necesitan para hacerlo. Hay personas especialistas en generar ideas, pero no tienen un plan para desarrollarlas. El no planificar hace que las personas caminen sin rumbo, y dice un popular refrán:«Quien no sabe para donde va ya llegó».

¿Qué plan ha elaborado usted para lograr sus objetivos? ¿Ha establecido un tiempo para lograrlo? ¿Cuáles estrategias ha diseñado? Planificar permite que el tiempo, el esfuerzo y los recursos empleados sean menos. Haga el hábito de planificar lo que va ha hacer a mediano y a largo plazo. Si usted no planifica, tendrá siempre resultados insuficientes y frustraciones frecuentes. Elabore su plan y ejecútelo y no lo posponga; determine cuánto tendrá que invertir y quiénes le van a apoyar en el desarrollo del plan. Dios quiere que echemos hacia delante y que logremos lo que nos hemos propuesto de acuerdo a su voluntad, pero encaminarse hacia esos logros requiere de planificación.

Día 32

CUIDE SU IMAGEN

En todo tiempo sean blancos tus vestidos, y nunca falte ungüento sobre tu cabeza.

Eclesiastés 9.8 (RVA)

El 99 por ciento de las personas que vemos pasar diariamente nunca tendrán ningún tipo de conversación con nosotros, lo único que tendremos de ellas es una imagen, y de hecho, por muy poco tiempo. La pregunta es: la imagen que se quedará en nuestro cerebro de los demás ¿cuál será? ¿Una buena o una mala imagen?

Cuidar la imagen es algo que debemos hacer siempre, pues ésta se convierte en una breve fotografía en la mente de las personas que pasan por nuestro lado y sobre todo en aquellas que conocemos. La imagen no lo es todo, pero en algunos casos será todo lo que los demás puedan ver de nosotros, de ahí la importancia de cuidarla. Por otro lado, tenemos el hecho de que las personas son extremadamente observadoras y piensan que usted es lo que muestra. Ciertamente, no debemos vivir para que los demás compren lo que aparentamos, sino lo que somos, pero es evidente que las personas solo llegan a saber quiénes somos después de ver lo que aparentamos.

Construya el hábito de cuidar diariamente su imagen. Cuide su ropa, su cuerpo, sus palabras, sus gestos. Cuide todo aquello que pueda afectar la impresión que los demás tengan de usted. El éxito de las personas no lo determina su imagen, sin embargo, tener una buena imagen puede acercarle mucho más al éxito. Decida hoy seleccionar con esmero los detalles de su vestimenta y a trabajar profundamente en su higiene personal. Dedíquese tiempo y tenga presente que la vida da muchas vueltas; cualquiera de los que le haya tomado la fotografía podría volverlo a ver en alguna situación de importancia y tendrá como primera impresión el recuerdo de lo que vio.

SEA CONSISTENTE

El hombre de doble ánimo es inconstante en todos sus caminos.

Santiago 1.8 (RVR 1960)

Pisar sobre un lugar resbaladizo nos produce mucha inseguridad. Caernos es algo que no nos anima a seguir. Lo cierto es que lo firme, lo sólido, lo consistente es lo único que ofrece garantías para continuar caminando. De igual manera, cuando las personas son como el terreno movedizo, que no ofrece ninguna seguridad, se produce un alto grado de temor. Hay individuos que, a pesar de ser personas muy agradables y capaces, son difíciles de contratar, básicamente porque no son consistentes.

El vocablo «consistente» puede tener varias descripciones. La primera de ellas se refiere a un lugar firme y que no se hunde porque está compuesto de materia sólida, lo cual lo hace confiable. En segundo lugar, puede tratarse de algo predecible, y por tanto, podemos tener la certeza de que va a ocurrir. Cuando usted es consistente, se parece a este tipo de terreno, porque es firme, estable y coherente. También una persona consistente se parece a un reloj: sabemos que podemos esperar algo seguro y que no dará sorpresas.

Eche un vistazo al terreno de su comportamiento en la vida. Agáchese y pálpelo, póngale un pie para saber si es movedizo o terreno firme. Tome tiempo antes de hacer cambios; por muy buenos que sean, hágalos de forma paulatina, y en consecuencia su imagen no se verá como la de alguien que sin el menor reparo cambia bruscamente de dirección y de parecer.

Sea consistente en su matrimonio, en sus estudios, en la iglesia, en su negocio y en el trabajo. Que lo que diga o haga no sea una cosa hoy y otra mañana. Las personas exitosas toman decisiones rápidas, pero hacen cambios paulatinos.

Día 34

SEA ATENTO

Consideremos cómo estimularnos unos a otros al amor y a las buenas obras.

Hebreos 10.24 (NBLH)

En esta era de los celulares, el internet y las redes sociales, las personas suelen ser muy distraídas, y pasa que, aunque tengamos a un ser humano valioso de frente, podríamos estar con la cabeza metida en un teléfono inteligente o con un ipod subiendo una foto a Facebook. Sin darnos cuenta, nos hemos convertido en personas desatentas.

Los seres humanos merecen nuestra atención plena. No hay nadie más importante que la persona que usted tiene al frente. Ser atento en estos tiempos representa hacer el sacrificio de salir de nuestra cueva mental y exponernos a compartir con las personas.

Sea atento. Si no está atendiendo una emergencia y alguien necesita de su ayuda y de su presencia, deje por un momento lo que está haciendo para acudir al llamado. Conteste las llamadas, los e-mail, y sobre todo visite a las personas que ama; reúnase con sus amigos y compañeros. Cuando esté en ese lugar especial de reunión, haga todo lo posible por no tomar el teléfono y concéntrese en la persona que le visita o la que usted fue a visitar. En caso de tener que hacerlo, pida permiso. Debemos también enseñar ese valor a nuestros hijos y adolescentes en esta era de la tecnología para que puedan experimentar el gozo de pasar un rato con seres amados. Hagamos sentir a esa persona como el centro del universo y no quiera ser usted el centro.

Se cuenta de dos políticos que eran extraordinarios, pero uno tuvo más éxito que otro. El primero era un gran conversador y muy elocuente; el segundo, hacia sentir a los demás como personas espectaculares, fuera de serie y como el centro de la atención. Este último fue quien más éxito cosechó.

A partir de hoy, haga un listado de llamadas por devolver, visitas por hacer y preste profunda atención a las personas. Sea atento en todo el sentido de la palabra. Sonría, pague cuentas, haga brindis, lleve de paseo, recoja familiares en el aeropuerto o llévelos, pero sea atento; esto le abrirá muchas puertas y le ayudará a conservar buenas amistades.

Día 35

ASUMA SU RESPONSABILIDAD

La mujer que me diste por compañera me dio del árbol, y
yo comí.

Génesis 3.12 (RVR 1960)

Una cosa es la culpa y otra la responsabilidad. La culpa tiene un valor emocional y físico, pero la responsabilidad tiene un valor económico. Si su hijo le roba el carro y sale a dar una vuelta, y en esa vuelta choca y tiene un accidente, su hijo será el culpable, pero usted será el responsable.

Una de las cosas que irritan a los hombres de éxito es ver personas culpando a otros o no asumiendo su responsabilidad por una situación presentada. Cuando usted asume su responsabilidad, muestra muchas cosas. En primer lugar, está reconociendo el hecho. Cuando no reconocemos un hecho, no podemos avanzar, porque no sabemos ni siquiera que hemos faltado; reconocer el hecho es una muestra de que sabe lo que hizo y la dimensión de lo que hizo. En segundo lugar, dice que está avergonzado; en tercer lugar, demuestra que está arrepentido de lo que hizo; y por último, usted muestra su alto grado de compromiso para que no se vuelva a repetir el hecho. Todo eso se muestra cuando asumimos la responsabilidad.

Sea pronto en admitir cuando falla, sea ágil en asumir sus errores y siga adelante, pues eso lo convertirá en una persona más creíble. A veces queremos defender nuestra posición a toda costa, incluso afectamos a otro compañero por no admitir que nos hemos equivocado. A la larga, todo queda claro y definido, con el tiempo se llega a saber quién fue el verdadero responsable.

Haga el hábito de asumir su responsabilidad ante toda las faltas que haya cometido y sea preciso en mencionar el error sin omitir ningún detalle, haciendo ver su profundo compromiso de no repetirlo.

Día 36

HONRE A SUS PADRES

Honra a tu padre y a tu madre, para que tus días se alarguen en la tierra que Jehová tu Dios te da.

Éxodo 20.12 (RVR 1960)

El mejor y más importante regalo que un padre puede recibir es ver la honra de sus hijos conforme a sus posibilidades.

En muchas ocasiones los padres van a decir que no necesitan nada, pero no es así, y aunque ellos no lo necesiten, esperan ver la gratitud de sus hijos devolviendo algo de lo que han recibido.

La honra es un acto que nos conecta con Dios. Al honrar a nuestros padres, estamos entendiendo que es la única forma garantizada de que nos vaya bien en la vida. La Biblia lo expresa con mucha claridad, sin embargo, muchos hijos incumplen esta ley; inclusive, diezman en sus congregaciones, olvidándose de que sus padres necesitan de su apoyo de forma constante y abundante, y el mismo Señor dijo que una cosa es necesaria sin dejar de hacer la otra.

Haga el hábito de honrar a sus padres y muéstreles cuán agradecido está de que ellos lo hayan traído a este mundo. Para honrarlos usted necesitará más que una llamada telefónica, más que un buen comportamiento frente a la sociedad. Tendrá que desprenderse de parte de sus ingresos, resolver problemas, dar seguimiento a sus necesidades, asumir obligaciones y mostrarles de forma tangible y consistente que a usted le importa todo lo que a ellos les ocurre.

Haga el hábito de separar un porcentaje fijo de sus ingresos todos los meses para sus padres y tome la honra con la misma fidelidad que asume sus diezmos. No les haga ver a sus padres que les está regalando algo; hónrelos como si le debiera una suma de dinero. Las bendiciones que provienen de la honra a los padres usted no las podrá cuantificar, pero le garantizamos que las verá. Comprométase desde este mismo instante a dar seguimiento y a honrar a sus padres.

Día 37

NO DÉ MÁS EXCUSAS

Entonces Moisés dijo al Señor: Por favor, Señor, nunca he sido hombre elocuente, ni ayer ni en tiempos pasados, ni aun después de que has hablado a tu siervo; porque soy tardo en el habla y torpe de lengua.

Éxodo 4.10 (LBLA)

Las excusas solo son importantes para el que las da. Convertirse en una persona que constantemente se excuse le hará a la larga un ser humano mediocre y poco confiable. Los países avanzados se caracterizan por estar llenos de personas para quienes las excusas representan algo vergonzoso; es por ello que los niveles de exigencia de esas naciones son muy altos.

Nunca hace falta una excusa cuando se va a quedar mal. A diferencia de asumir la responsabilidad, la excusa muestra nuestra disposición de seguir fallando. Cuando usted se excusa, está minimizando lo que hizo y diciendo a los demás que usted volverá a repetir el hecho. Echar la culpa a un tapón o embotellamiento, a una gripe, a que el vehículo se averió, a que no se lo dijeron a tiempo, a que tuvo un percance ajeno a su voluntad, etc., son maneras de hacer ver al otro que usted no ocasionó el problema, sino el sistema. Las excusas se dan en el trabajo, en las citas de negocios, pero también en las iglesias. Es increíble la cantidad de excusas que muchos ponen para no cumplir con su responsabilidad. Tareas asignadas a líderes de congregaciones, músicos, entre otros servidores, se quedan sin hacer y se resuelve todo con una simple excusa.

Propóngase no dar excusas. Cuando algo ocurra, simplemente admita que está profundamente avergonzado y comprométase a que no volverá a ocurrir. Haga lo imposible para que así sea. Deje que sea el otro el que lo libere de su falta, no su excusa. Los hombres de éxito hacen todo lo que tienen que hacer para no quedar mal porque ellos conocen las excusas.

Día 38

SEA AGRADECIDO

… Sed agradecidos.

Colosenses 3.15 (RVR 1960)

La gratitud es la mayor de las virtudes, como la ingratitud es el peor de los defectos. Cuando usted es agradecido, miles de puertas se abren a su favor. Dios demanda de nosotros gratitud hacia Él, pero si no somos agradecidos con personas que amamos y vemos, no podremos ser agradecidos con Él a quien no vemos físicamente.

El agradecimiento es uno de los gestos más nobles de un ser humano. Al ser agradecido, usted reconoce y hace conciencia de que el nivel al que ha llegado se debe al apoyo de muchas personas. Es imposible llegar a la cima sin el apoyo de otros. Al ser agradecido, usted está haciendo a los demás partícipes de sus triunfos, lo que pone de manifiesto su humildad.

Agradezca a su cónyuge por el tiempo que le dedica, a sus hijos por las cosas que realizan en casa; muchos padres creen que no tienen que agradecer nada a sus hijos. Agradezca a sus líderes eclesiales: pastores, ministros, sacerdotes. Haga el hábito de enviar tarjetas de agradecimiento y cartas a quienes le han servido. Haga llamadas diciendo a los demás lo contento que se siente con lo que ha ocurrido. Aún después que salga de una empresa, muestre sentido de gratitud por sus jefes pasados. Todo aquel que ha puesto un plato de comida en su mesa merece su respeto y su gratitud.

Agradezca a Dios por todo y aporte un servicio para su obra, pues esta es una forma de mostrarle gratitud. Comprométase hoy a dar gracias a todos los que le han ayudado en algún momento de la vida. Dígale a esas personas lo agradecido que está y que siempre será un privilegio poder servirles en alguna ocasión. El agradecimiento es de personas inteligentes que saben cuán importante es dejar las puertas abiertas. Además, el agradecimiento muestra su integridad, su entereza, su capacidad de ver el mundo desde una perspectiva menos egoísta.

Día 39

DEVUELVA LO QUE SE LE PRESTA

Si tomares en prenda el vestido de tu prójimo, a la puesta del sol se lo devolverás.

Éxodo 22.26 (RVR 1960)

Los actos repetidos fortalecen la voluntad y por supuesto que desarrollan los hábitos. Llegar a ser un cristiano ejemplar y tener un buen testimonio ante los demás implica una labor diaria que incluye no solo las grandes actitudes, sino las más pequeñas. Uno de los hábitos más olvidados es el de devolver lo que se ha recibido en calidad de préstamo.

¿Por qué devolver lo que se nos presta? Simple: porque no nos pertenece. Si algo no es suyo, entonces debe devolverlo. Muchas personas piden alguna prenda u objeto prestado y no piensan que si el otro lo tiene es porque lo necesita; se desprende de eso para compartirlo con usted, supuestamente por un tiempo breve, pero no significa que no lo necesite nunca más.

El Señor Jesucristo nos animó a que si alguien nos pide algo prestado no se lo rehusemos. Sin embargo, es también en la Biblia donde se nos insta a devolver las cosas, ya que no sabemos el valor que tiene el objeto para su dueño.

Libros, bolígrafos, audios, películas, Biblias, prendas de vestir, herramientas, utensilios de cocina, envases, lentes de sol, son algunas de las cosas que no se devuelven con mucha facilidad. Pero ¿sabía usted que no devolver lo que le prestan es lo mismo que hurtar?

Toda persona para obtener lo que tiene gasta dinero y hace un sacrificio. Cuando usted toma algo prestado, debe, no solo devolverlo, sino que si se daña, debe restituirlo. ¿Quiere que los demás le respeten y confíen en usted? Devuelva todo lo que ha pedido en calidad de préstamo.

Día 40

TOME NOTAS

Examinadlo todo y retened lo bueno.

1 Tesalonicenses 5.21 (RVR 1995)

U na de las virtudes de las personas de éxito es tomar notas de sus ideas y de las ideas de otros. Las ideas son como aves que vuelan rápido y se pierden en el bosque. Si usted no toma notas de ellas, entonces perderá muchas oportunidades, porque el éxito está a la distancia de una idea.

Tomar notas es una forma de retener lo bueno. Siempre que vaya a una reunión, una actividad o sea llamado por su líder, lleve en qué anotar. Si no toma notas nunca podrá hacer un trabajo de profundidad. Tomar notas demuestra profesionalidad, compromiso y lo lleva a ser productivo. Cuando una persona está recibiendo instrucciones y no toma notas, muestra falta de entusiasmo y de entrega a su trabajo.

Haga el hábito de tomar notas. Grabe reuniones, tome fotos, tome todas las notas posibles y revíselas; se dará cuenta de lo útil que es este hábito y de la necesidad de esas notas más adelante. Cuando asista a la iglesia, tome notas del mensaje; de esa forma podrá recordarlo mejor. Cuando visite a sus clientes, tome notas y no deje a su mente el recordar todo lo que vio, lo que oyó y a lo que se comprometió. Los clientes vienen y van, y en una semana podría ver un promedio de 20 clientes cada uno con peticiones diferentes. De igual manera, haga el hábito de llevar un pequeño cuaderno de notas donde apunte las ideas rápidas que le surgen. Si pierde la posibilidad de anotar una idea, otras cosas le tirarán tierra encima a ese brillante pensamiento y quedará sepultado.

Comprométase a llevar un cuaderno de notas, sea digital o físico, y envíe copia de las cosas discutidas con otras personas a fin de mantener el recuerdo vivo del compromiso. Ponga fechas de término a las tareas, asigne responsables de cada actividad y anótelo. Este es un hábito que sin duda alguna le evitará muchos malestares y le mantendrá muy cerca del éxito.

LLEVE UNA AGENDA

Aprovechando bien el tiempo, porque los días son malos.

Efesios 5.16 (RVR 1960

No hay posibilidad alguna de triunfar en la vida sin convertir el tiempo en el recurso más preciado. El éxito tiene que ver con el tiempo, pues sin una buena administración del mismo, jamás se pueden lograr grandes cosas.

El tiempo es como el agua: es libre, abundante, inagotable, pero usted decide cómo administrarlo. Usted no puede controlar el tiempo porque el tiempo no se controla, no se detiene; no lo puede alterar ni lo puede mejorar. El tiempo es invencible; usted solo puede hacer una alianza con el tiempo y administrarse ante este gigante.

Una manera de administrar mejor el tiempo es hacer una agenda. Haga el hábito de agendar. Una agenda le ayudará a filtrar sus compromisos y a discriminar entre las cosas que escoge hacer y las que no. Si deja que los demás lo dominen con el tiempo, el tiempo nunca será condescendiente con usted. Por ello, lleve una agenda estricta y bien depurada. Nunca olvide consultar su agenda; no deje que nadie la altere. Tome notas del menor compromiso y sea sumamente delicado con el cumplimiento de estos para que pueda crear una imagen de persona exitosa.

Si hay algo que distingue a las personas exitosas es su control de la agenda, no solo porque ellos quieren, sino porque asumen cientos de compromisos diariamente y deben cumplir con todos. Sin la correcta administración de nuestras actividades, sería imposible ser una persona que llegue a la cima.

Día 42

DÉ LA CARA

Y él respondió: Te oí en el huerto, y tuve miedo porque estaba desnudo, y me escondí.

Génesis 3.10 (RVR 1960)

Cuando las personas se esconden, no solo se esconden de los demás, sino que también se esconden de ellos mismos, lo que quiere decir que necesitan madurar como seres humanos. Nos escondíamos cuando éramos niños aun por cosas insignificantes; se escondieron Adán y Eva de Dios ante una falta grave, pero escondernos no es un signo de madurez.

Dar la cara siempre sale más económico que escondernos. No somos quiénes para decir lo que Dios debe o no debe hacer, pero si Adán y Eva no se hubiesen escondido, posiblemente el resultado habría sido otro. Cuando nos escondemos, estamos haciendo dos cosas graves: primero, estamos incumpliendo con otra persona, y segundo, le estamos incomodando e indignando, lo cual es un doble daño.

Si usted hace el hábito de salirle al frente a sus problemas, incumplimientos o malos entendidos, habrá logrado vencer un gran gigante. Siempre que algo salga mal, no espere que le digan o a que lo llamen, salga al frente y dé la cara. Cuando tenga una deuda, no la olvide, vaya y dé la cara. Siempre es menos costoso dar la cara que pagar los trámites legales. Dé la cara aunque sea en pequeños detalles; eso dice mucho de su crecimiento, de su honradez y de su amor por la palabra de Dios, que nos llama a ser honestos.

Comprométase a hacer una lista de personas a las que no les ha dado la cara en distintas situaciones: deudas sin resolver, temas pendientes, pecados ocultos, trabajos incumplidos y gente a las que ha dejado en el aire. Eso le va a ayudar a construir una imagen de responsabilidad y no tendrá que andar escondiéndose. Además, cada persona a la que no le damos la cara usa su boca para maldecirnos. Sea valiente y dé la cara.

Día 43

APRENDA A ACEPTAR CONSEJOS

En la multitud de consejeros está la victoria.

Proverbios 24.6 (RVR 1960)

La democracia consiste en el gobierno de las mayorías. No siempre la mayoría tiene la razón; de hecho, cientos de veces está equivocada, pero por cada ocasión en que esa mayoría se equivoca, la individualidad lo triplica, por tanto, las mayorías no son perfectas, pero son mejores que la individualidad.

Vivir en comunidad es aprender a aceptar cosas que no nos agradan, que no queremos o que percibimos como incorrectas. Sin embargo, para que la vida pueda continuar su curso, necesitamos aprender a respetar la voluntad de las mayorías, de lo contrario nos convertimos en rebeldes. No se trata de aceptar lo que va en contra de lo que Dios ya ha establecido, valga la aclaración, sino de ser respetuosos de lo que la voluntad popular expone. Esto se da a nivel de líderes políticos, religiosos y líderes de negocios. Hay muchos líderes que obvian esa parte de la voluntad popular y fracasan en el intento de lograr cosas.

Cuando usted vaya a tomar decisiones, busque el consejo de la mayoría. Haga consultas, pida opiniones. Si usted es parte de alguna organización, debe estar dispuesto a respetar la voluntad de la mayoría. Cuando no aceptamos a la mayoría, entonces nos convertimos en polémicos, anárquicos, lo cual hace que no seamos personas elegibles por nuestra fama de dictadores.

Si dirige un grupo, aprenda a motivarlos a que piensen y decidan lo que van a hacer. Usted plantea y vende su punto de vista, pero acepte la respuesta de la mayoría; eso lo convertirá en un mejor líder, le ayudará a afinar mejor sus ideas y hará que sus seguidores tengan la libertad de tomar decisiones sin tener el temor de que usted los vaya a reprimir. Esto aplica para el negocio, para la iglesia y para la familia.

Día 44

CONFRONTE Y ASUMA EL RIESGO

Pero cuando Pedro vino a Antioquía, le resistí cara a cara,
porque era de condenar.

Gálatas 2.11 (RVR 1960)

Muchas personas tienen miedo de confrontar a los demás, para luego tener que utilizar como recurso una mentira. Por ejemplo, cuando un hombre no es capaz de decirle a su esposa que se está poniendo muy obesa, utiliza mentiras para expresar con sinceridad lo que piensa, pero luego adultera con otra. Confrontar con paciencia a los demás evita que fracasemos en las relaciones. Tendrá menos amigos, pero los que tenga serán mejores.

La vida, la empresa, la iglesia y la familia están llenas de personas que creen que están haciendo las cosas correctas, pero no es así. Sin embargo, si esas personas no encuentran a alguien que les diga la verdad sobre lo que hacen, seguirán actuando conforme a sus pensamientos. Esta es solo una de las razones por la que hay que aprender a confrontar a aquellos que hacen algo incorrecto y que pueden perjudicar a la institución, a la iglesia o a la familia. No espere a que fracasen; sea frontal y dígales cuáles son las cosas que deben corregir y prestar atención. Hábleles sobre las consecuencias y cuáles serán los resultados si no cambian. Cuando los vaya a confrontar, sea lo más sincero posible y hágalo con humildad y mansedumbre. Sea puntual en el asunto a tratar y no se desvíe.

Prevenga a las personas. No los sorprenda con decisiones abruptas. Sea su cónyuge, subordinado, vecino, amigo o hijo, sea capaz de confrontarlos y hacerles saber que si no cambian, las cosas terminarán mal. Establezca un tiempo y la forma en que lo hará para que nada sea una sorpresa. Comprométase hoy a confrontar a las personas que le afectan o que andan de manera equivocada. No esconda sus sentimientos, insatisfacciones o fracasos. Sea frontal y llame a las personas a cuenta, en amor.

Día 45

EL PODER DE UNA PULGADA

Por tanto, no desmayamos; antes aunque este nuestro hombre exterior se va desgastando, el interior no obstante se renueva de día en día.

2 Corintios 4.16 (RVR 1960)

No importa a qué velocidad usted vaya, si va en la dirección equivocada, nunca llegará a su meta. Sin embargo, usted debe avanzar. Avanzar es imprescindible para llegar a su destino y debe hacerlo pulgada a pulgada. La razón por la que mucha gente no avanza es porque quiere hacerlo todo a la vez.

Aprenda el poder de una rutina. Cuando usted hace una rutina diaria, solo tendrá que dedicar minutos al día. Al avanzar todos los días una pulgada, aunque no se concentre en los resultados, esto le permitirá llegar sin que se dé cuenta.

Solo asegúrese de que va en la dirección correcta y que está cumpliendo con lo establecido.

Describa las rutinas que le harán un triunfador y deje que los resultados lleguen por sí solos. La rutina es una suma de hábitos; sin hábitos no podrá hacer rutinas y sin rutinas no podrá tener recompensas. El premio no llega por un gran esfuerzo, llega como producto de un pequeño esfuerzo de todos los días. Sea simplemente consistente en avanzar una pulgada diariamente.

Comprométase ahora a escoger al menos diez rutinas que lo convertirán en un triunfador. Escoja las rutinas espirituales como leer la Biblia y apartar tiempo para orar; escoja rutinas de estudios, rutinas de trabajo, rutinas de familia, rutinas de ejercicios personales, rutinas de manejo de efectivo, rutinas de salud, rutinas sociales, rutinas para mejorar relaciones, rutinas de descanso, rutinas de desarrollo personal y todas las rutinas que las 24 horas de un día le permitan tener. Una persona que hace rutinas y cumple con ellas será una persona exitosa.

Día 46

SEA PACIENTE

Por tanto, hermanos, sean pacientes hasta la venida del Señor. Miren cómo el labrador espera el fruto precioso de la tierra, siendo paciente en ello hasta que recibe la lluvia temprana y la tardía.

Santiago 5.7 (NBLH)

Alguien dijo: «El tiempo se cobra lo que se hace sin su consentimiento». Esta es una frase muy cierta, porque nada bueno se puede lograr sin el apoyo del tiempo. Una de las variables que más nos desespera es la variable del tiempo e igualmente nos desesperan las cosas que no podemos controlar.

La paciencia es una de las grandes virtudes humanas. No importa cuánto dinero usted tenga, no importa su nivel académico, de vez en cuando se hace necesario tener que esperar. Aprender a esperar el tiempo de las cosas es un hábito muy difícil de conquistar, porque en un mundo de comidas rápidas, internet flash, microondas, etc., es casi imposible ser pacientes. Sin embargo, el secreto en el triunfo de muchas personas está básicamente en la paciencia para tomar una decisión.

Esperar a que las cosas tomen su curso es un hábito que se desarrolla y que se puede cultivar. No se debe confundir la paciencia con la pasividad, ya que son cosas totalmente opuestas. Haga el hábito de esperar y de no acelerar los procesos, no deje que otros le alteren la vida, sea paciente aunque tenga la razón. Ejercitar la paciencia le hará más feliz, más próspero, menos vulnerable y tendrá la garantía de que no permitirá que otros se aprovechen de su impaciencia.

Comprométase hoy mismo a dejar que Dios intervenga en los procesos. Si las cosas no ocurren en el tiempo que usted espera, puede ser que Dios esté en el asunto. Las cosas tienen un tiempo prudente para ocurrir; si no ocurren en ese tiempo, actúe, pero no altere los procesos con su impaciencia, porque eso le puede salir muy caro. Una impaciencia puede hacerle pagar un error para toda la vida.

Día 47

PIENSE EN LO POSITIVO Y NO EN LO NEGATIVO

Sabemos que Dios dispone todas las cosas para el bien de quienes lo aman, los que han sido llamados de acuerdo con su propósito.

Romanos 8.28 (NVI)

U n perro entró a un lugar y de repente se encontró con mil perros idénticos. Él ladraba y ellos ladraban, él reía y ellos reían, él movía la cola y ellos también movían las suyas, y así sucesivamente. Al final el perro salió del lugar y vio el letrero en el frente que decía: «la casa de los mil espejos».

Por alguna razón las personas siempre piensan que las cosas solo les ocurren a ellos y se hacen seres desdichados. Muchas veces piensan que todo lo malo que les sucede se debe a una mala suerte. La Biblia nos invita a pensar de una manera distinta y a construir una nueva forma de vida: pensar que todo lo que nos ocurre es para favorecernos. Es la palabra de Dios la que nos guía a pensar que el mundo gira a nuestro favor. En medio de la debilidad, el Espíritu Santo de Dios acude en auxilio de aquellos que se mueven según los propósitos de Dios.

Piense en que usted ha sido diseñado para grandes cosas. Si ha decidido colocarse en sus manos y formar parte de su grey, puede estar seguro de que usted es la «niña de sus ojos». Dedíquese a conocer quién es usted en Dios y la razón por la que está en este mundo. Recuerde que Dios le ha dado a su vida un profundo valor. No deje que lo que ve afecte su corazón.

Cual José, entienda que aunque sus hermanos lo vendan, todo va a obrar para bien. Crea que aunque vaya a la cárcel, esto le va a acercar al faraón. Y de cualquier forma, construya el hábito de no hacer caso a todo lo que ve o escucha. Anímese y piense que Dios tiene a su favor una conspiración para hacerlo más fuerte y más digno de recibir otras oportunidades.

Día 48

SEA RADICAL EN LAS DECISIONES

Entonces Samuel dijo: ¿Qué has hecho? Y Saúl respondió: vi que mis hombres desertaban y que tú no llegabas, así que ofrecí el holocausto.

Paráfrasis de 1 Samuel 13.11–12 (RVR 1960)

Muchas personas no saben que la obstinación puede ser una virtud. Es una virtud que acompaña a los hombres de éxito. Se necesita escuchar a la mayoría, pero para ser un líder, en ocasiones es necesaria la radicalidad que, por cierto, no es lo mismo que extremismo. Si usted es un líder de cualquier institución, ha de saber que el 95 por ciento de sus propuestas podrían quedar crucificadas en la pared por más seguro que esté de que funcionan, por esto deberá en ciertos momentos defenderlas a sangre y fuego.

No deje que su decisión sea cambiada solo porque a alguien

no le gusta. Usted puede cambiar sus decisiones, pero no porque otros lo deciden, sino porque se ha hecho uso del consenso y porque ha sido convencido de que las otras decisiones son mejores que las suyas. Si quiere colocarse al borde del fracaso, acepte que todas las decisiones que usted tome sean constantemente cambiadas.

Eso es algo que aplica no solo para el liderazgo, sino para todas las áreas de la vida. Uno debe defender sus puntos de vista, de ahí la importancia de investigar bien y de tomar las decisiones basadas en análisis previos, de tal forma que esas ideas o decisiones puedan ser defendidas con criterio. Las personas de éxito siempre defenderán sus ideas y serán radicales aunque en muchísimas ocasiones se equivoquen, pero al menos se dan la oportunidad de fallar.

Comprométase a tomar decisiones consensuadas, pero no permita que sus decisiones sean cambiadas por amor al arte. La clave del éxito está en llevar a cabo una idea con la conciencia clara de que habrán cientos de oposiciones.

Día 49

EL CIELO ES EL LÍMITE

Si sólo aman a quienes los aman a ustedes, ¿qué mérito tienen? ¡Hasta los pecadores aman a quienes los aman a ellos!

Lucas 6.32 (NTV)

Para dar y recibir amor, el cielo es el límite. Cualquiera puede amar a quienes le aman, sin embargo, amar al que no es de nuestro agrado es un gran reto, un gran desafío. Dios nos dio la capacidad de amar, y amar a los que no nos agradan también viene en el paquete. La persona que cultiva el amor hacia los demás sin importar quiénes sean ha descubierto que el amor no tiene límites.

La convivencia con los demás no es tan fácil, porque cada uno tiene intereses distintos y razones de sobras para decidir no dar amor, sin embargo, para amar sin condiciones es necesario experimentar el amor de Dios y el amor de Dios es tan infinito como el mismo cielo.

Dar amor implica tener un encuentro personal con los seres queridos y ser tolerantes con los que nos rodean. Es abrazar, apoyar, dejar los prejuicios y aceptar a la otra persona tal y como es. El amor comparte y da. No hace nada indebido, no es jactancioso y no busca lo suyo. Todo lo sufre, todo lo espera, todo lo cree y todo lo soporta.

Ame como si fuera el último día. Viva la vida dando amor y recibiendo amor de los que le rodean. Hay personas que no dejan que los demás se acerquen. No permita que el dolor del pasado conduzca su presente y le robe la oportunidad de amar y ser amado. Aunque las personas merezcan el desprecio, habitúese a perdonarles y a demostrarles amor y misericordia. No acumule veneno porque solo las víboras lo hacen y usted no es una víbora. Por tal razón, llénese de amor y dé lo mejor que tenga para dar; de eso se trata colocar la otra mejilla.

El estrés, la velocidad con la que andamos y la falta de confianza son algunas de las razones por las que la gente no expresa amor. En ese trajín de alcanzar cosas, se nos escapan los detalles que luego más adelante lamentamos haber olvidado. Así que propóngase amar y recibir amor, porque ahora permanecen la fe, la esperanza y el amor, pero de estos tres, el amor es el mayor.

Día 50

SEA PARTE DE LA SOLUCIÓN

Yo le sugiero a Su Majestad que busque a alguien muy sabio
e inteligente, y que lo ponga a cargo del país.

Génesis 41.29–33 (TLA)

U n líder que dirige unas trescientas personas recibe diariamente la misma cantidad de problemas, si solo recibe uno de cada uno. Sin embargo, son muy pocos los que presentan una solución en vez de un problema. Ser parte de la solución se hace muy urgente en las instituciones debido a que nunca faltan las dificultades, contratiempos y conflictos. Los problemas siempre sobran, empero las soluciones escasean.

¿Recuerda cuando le iban a contratar en la empresa de la que es parte, todo lo que estaba dispuesto a hacer? ¿Recuerda sus primeros días en la iglesia cuando estaba dispuesto a servir y no se detenía a ver la paja en el ojo de los demás? Tenga pendiente las cosas que dijo cuando se abrió esa oportunidad, cuáles cosas usted dijo que aportaría. Muchas de esas cosas ahora son un problema.

Usted está a tiempo de devolverse a ese inicio, para en vez de ser parte de los problemas, ser parte de las soluciones. Haga el hábito de resolver más asuntos que los demás y evite a su líder tantos dolores de cabeza. Si quiere llegar a ser igualmente un líder, tiene que saber que los líderes no deben crear dificultades, sino resolverlas.

Haga el hábito de ver todas las posibles salidas de por lo menos un problema antes de ir a presentarlo. Busque alternativas viables y no presente la situación como si la institución es la única culpable.

La diferencia entre los que avanzan y los que no, tiene mucho que ver con el hecho de presentar soluciones oportunas en lugar de ser un centro de disputas y quejas.

Día 51

ESTÉ ATENTO A SU ENTORNO

Sed sobrios, y velad; porque vuestro adversario el diablo, como león rugiente, anda alrededor buscando a quien devorar…

1 Pedro 5.8 (RVR 1960)

José Ángel Buesa decía en uno de sus poemas: «Pasarás por mi vida sin saber que pasaste», y desgraciadamente hay personas que están en la vida muy ajenas a todo su entorno.

Todos los días salen los que están atentos para la caza, y cazan a quienes se olvidan que viven en la selva y están perdidos en su propio mundo. La vida lamentablemente es muy parecida a una selva y todos los días el enemigo sale con la intención de destruir, y destruye a los más descuidados.

Desarrolle la habilidad de estar atento a lo que sucede a su alrededor. Sea observador, vea los detalles de lo que le circunda. Tenga presente lo que hay a su lado, detrás y al frente. Cuente las personas que le rodean, sepa qué día es hoy, que pasó hoy en su país y lo más relevante que haya sucedido en el mundo. Si su deficiencia de atención es muy severa entonces debe visitar a su médico. Viva el presente para que pueda contarlo mañana a sus nietos.

Mantenga su mente activa y esté atento a todo lo que pasa. La capacidad de atención requiere ser ejercitada para desarrollarse; esto le ayudará a dar respuestas y a no perder de vista los detalles. Esta es una era sobrecargada de informaciones y de sucesos, por tanto, estar atento es un desafío. Para ser exitoso se requiere del manejo de muchos detalles, de lo contrario, cometerá muchos errores y le van a sorprender con muchas noticias negativas.

Día 52

DÉ LA MILLA EXTRA

Y a cualquiera que te obligue a llevar carga por una milla, ve con él dos.

Mateo 5.41 (RVR 1960)

E l concepto de la milla extra se ha popularizado en todo el mundo, y sean cristianos o no, las personas hablan de dar la milla extra con mucha frecuencia. Ahora bien, muy pocas personas conocen el verdadero significado de lo que es dar una milla extra. La mayoría de las personas creen que dar la milla extra es hacer un esfuerzo adicional.

En los tiempos del imperio romano, un soldado tenía todo el derecho de hacer que otro llevara su armadura por una milla, por esa razón el Señor Jesús planteó la situación, pero su intención no era que solo lo hicieran en aquel entonces con los soldados romanos, sino que él aspira a que lo hagamos con cualquiera hoy en día. El Señor nos pide que llevemos la carga no por una sola milla, sino por dos; es decir, no un poco más, sino el doble. Dos millas representan el cien por ciento más; no se trata de un pequeño esfuerzo.

Haga el hábito de trabajar el doble de lo que los demás hacen. Hacer un poco más no es fácil de notar, pero cuando trabajamos el doble, el resto se da cuenta y ganamos respeto, experiencia, capacidad de trabajo y obtendremos buenos resultados. Todo el que da la milla extra es un ser humano que todos quieren tener en su equipo.

Comprométase hoy a dar el doble en su trabajo, en su familia y en su iglesia, y verá que pronto se convertirá en una persona exitosa. No se limite a los moldes que le establece el mundo; entréguese en un 100 por ciento más para que pueda ver la diferencia con todo el grupo. Dar la milla extra cambiará su vida.

Día 53

PIDA LO QUE QUIERE

Pedid y se os dará...

Mateo 7.7 (RVR 1960)

«Yo no lloro; si caigo, me levanto del lodo, saco el bolígrafo y me desahogo...». Este es un verso del filósofo Vico-C y es una frase de la cual se puede aprender mucho, porque las personas suelen lamentarse de lo que no tienen, pero no saben expresar con claridad lo que desean ni lo hacen de manera consistente.

Muchos empleados se quejan de que no hay tal o cual herramienta o recurso; sin embargo, muy pocas personas han dedicado tiempo a solicitar lo que necesitan con detalles, cotizaciones y análisis de beneficios. Hay quienes tienen todo lo que quieren en empresas donde a la mayoría se les niega lo elemental; la razón es porque unos saben pedirlo y justificarlo, y otros no.

Deje de lamentarse y simplemente pida lo que quiere. Aporte peso a lo que desea obtener. La Biblia nos insta a pedir lo que queremos y aunque el verso indicado está íntimamente ligado a la oración, no es menos cierto que también los líderes humanos responden a las peticiones.

Además de solicitar las cosas por la vía correcta, hágalo de manera consistente. Sea proactivo, justifique la razón, anexe cotizaciones y dé detalles de lo importante que es ese recurso para su labor. Lleve una proyección de cómo esta inversión va a repercutir en la productividad y cuánto va a representar en término de beneficios. Los inversionistas solo invierten su dinero donde entienden que van a tener una tasa positiva de retorno en el menor tiempo posible. Un inversionista suele ser más cauto con el dinero que un empleado, así que pida lo que quiere, pero pídalo con conciencia.

Día 54

DECISIONES SALOMÓNICAS

En seguida el rey dijo: Partid por medio al niño vivo, y dad la mitad a la una, y la otra mitad a la otra.

1 Reyes 3.25 (RVR 1960)

Partir un niño por la mitad no parece una buena idea. Esta es una decisión que podría considerarse como un abuso. Muchas personas piensan que las «decisiones salomónicas» consisten en hacer que ambas partes estén de acuerdo y donde no se hiera a ninguna de las dos. Sin embargo, este no era el fin de Salomón. Su intención era eliminar el origen del conflicto, aunque para ello tuviera que poner a sufrir a todo el mundo. Esta técnica del rey Salomón equivale hoy día a: desbaratar algo, suspender unas elecciones, devolver un dinero, cancelar una orden, romper con la infidelidad, entre otras soluciones similares.

La historia es relatada en 1 de Reyes 3.16–28. Salomón dijo: «Pártanlo por la mitad», lo cual significaba matar al niño. Para él no importaba si una madre estaba sufriendo o no, la verdad tenía que prevalecer, y sacando a flote la verdad iba a saber quién era la madre. Tomar decisiones salomónicas es contrario a lo que la gente generalmente hace; implica buscar la verdad de las cosas sin importar el precio, aunque haya que empezar de nuevo. Este es verdaderamente un reto para quienes no tienen la fuerza de voluntad para actuar de manera radical cuando es necesario.

Cultive el hábito de buscar la verdad, aunque para ello tenga que destruir el objeto que genera la intriga. Sea una orden, un trabajo, unas elecciones, una situación de adulterio, sea lo que sea, hay que ponerle fin a lo que de la verdad no procede. No siempre se le puede dar a cada quien lo suyo, no siempre habrá oportunidad para los acuerdos, de vez en cuando tendrá que tomar decisiones muy serias que conllevan a correr riesgos. Haga el compromiso de encontrar la verdad aunque tenga que partir el niño en dos.

Día 55

DÉ SEGUIMIENTO

¿Has visto a alguien diligente en su trabajo? Se codeará con reyes, y nunca será un don Nadie.

Proverbios 22.29 (NVI)

Los escritorios están llenos de documentos esperando ser firmados; no obstante, hay quienes entienden que a tal o cual asunto no se le ha dado solución por la ineficiencia de otro, cuando lo cierto es que en medio de un mar de documentos y peticiones, atender con diligencia es un asunto de dar el debido seguimiento. El seguimiento es necesario para que las cosas ocurran cuándo usted quiera que ocurran y cómo desea que ocurran. No deje que las cosas dependan de otro. Asuma las cosas pendientes como suyas, y eso se hace dando seguimiento constante. Llame una y otra vez hasta que el cheque salga, el pedido se confirme, la orden sea emitida o hasta que la persona le conteste lo que necesita saber. No se cruce de brazos a esperar que el azar resuelva las situaciones y los pendientes, porque nada grande ocurre por casualidad.

Desarrolle el hábito de dar seguimiento y no deje las cosas en el aire. Aunque confíe en los demás, dé todo el seguimiento que pueda. Esto es un hábito valido para todo en la vida, no solo en las instituciones. En la familia hay que dar seguimiento, en la iglesia, en los clubes, en la comunidad y en las relaciones. Dar seguimiento es la forma de ver el progreso de las cosas y de obtener buenos resultados.

Comprométase a hacer una lista de tareas o situaciones a las que debe dar un seguimiento y divida esta lista en cuatro cuadrantes. Coloque en cada cuadrante los pendientes que pertenecen a una misma área. Dé un seguimiento estricto a sus cosas, revíselas diariamente o semanalmente de acuerdo a la urgencia. Haga llamadas telefónicas, pregunte, confirme informaciones y correos, compare, etc. Hoy en día hay aplicaciones electrónicas de seguimiento de tareas que pueden ser muy efectivas.

Día 56

DEJE LA CRÍTICA

La boca del necio le acarrea quebranto; sus labios son trampas para su propia vida.

Proverbios 18.7 (RVR 1995)

Una casa, iglesia, empresa, equipo o comunidad siempre tendrá en su seno varios tipos de personas, pero entre todos los que conforman un equipo, hay dos que son los menos deseados, no importa cuán excepcionales sean: los que critican y los que desaniman.

El criticar es sinónimo de murmurar, es decir, hablar a espaldas de alguien. También es igual a desacreditar. Esta actitud hace mucho daño a las instituciones y a nuestra propia vida. Al murmurar y criticar a otros, estamos escondiendo nuestros propios defectos. Una de las razones por la que no debemos criticar es porque Dios lo aborrece, y otra razón es porque al hacerlo no sabemos con quién nos estamos desahogando. Hablar a la ligera y murmurar puede costarle su salario, su matrimonio, su liderazgo y hasta su futuro.

Recuerdo que había llamado a un restaurant para pedir un almuerzo a domicilio y cuando el *delivery* llegó empezó a murmurar de la empresa para la cual laboraba. Me sorprendió su actitud porque ni siquiera le había preguntado nada. Lo que el joven mensajero no sabía es que el dueño de la empresa es un íntimo amigo mío; su puesto de trabajo pudo haber estado en mis manos si hubiese hecho lo mismo con él.

Cultive el buen hábito de no criticar y murmurar a las personas; en cambio, preocúpese por resaltar lo bueno. Aun cuando lo que usted considera un error permanezca, no critique. Hay personas que tienen la osadía de decir que al murmurar, lo que hacen son «críticas constructivas». Deje de criticar a su esposo(a), a su jefe, a sus padres, a sus líderes, a sus empleados, a sus pastores, al gobierno, etc. El que murmura desobedece a Dios y ese pecado no queda impune ante sus ojos.

Cuando alguien se acerque para hablar de otro, no lo escuche, deténgalo. No hablar de los demás es una decisión. Comprométase a tomarla, porque criticar podría traerle como resultado una lepra emocional, económica o espiritual.

Día 57

SEA ENTUSIASTA

Y el Dios de la esperanza os llene de todo gozo y paz en la fe, para que abundéis en esperanza por el poder del Espíritu Santo.

Romanos 15.13 (RVR 1995)

Nada grande en la vida ocurre sin entusiasmo. El entusiasmo es la mecha que enciende la imaginación, el trabajo y el compromiso. Sin embargo, la presión social, la falta de resultados, los problemas, las criticas y el egoísmo humano hacen que perdamos el entusiasmo y que se apague la antorcha de la creatividad.

La forma más fácil de lograr que las personas hagan algo que usted quiere es con entusiasmo. Si usted pierde el entusiasmo, no solo perderá la oportunidad de lograr cosas, sino que también aquellas que los demás hagan por usted serán de mala voluntad, por lo que tendrá resultados mediocres.

No pierda el entusiasmo; sonría constantemente. La diferencia entre un triunfador y alguien que fracasa está en que el triunfador mantiene el entusiasmo porque sabe hacia dónde se dirige. El entusiasta tiene siempre una nueva idea, un nuevo plan, nuevos deseos de emprender porque nunca pierde la esperanza. El entusiasmo nos llena de vida en medio del desierto de la desesperación. Cuando usted pierde el entusiasmo, ha perdido su capacidad de lucha.

Haga del entusiasmo un hábito. Decida motivarse cada día y salga de su casa con una sonrisa fresca, llena de voluntad, de esperanza y con el enorme deseo de hacer feliz a otro. Muéstrele su mejor cara a las personas; es la única manera de que ellos hagan algo por usted con entusiasmo.

Día 58

PROPÓNGASE SER UN DEMENTE

Y no vivan ya como vive todo el mundo. Al contrario, cambien de manera de ser y de pensar. Así podrán saber qué es lo que Dios quiere, es decir, todo lo que es bueno, agradable y perfecto.

Romanos 12.2 (TLA)

Me gusta mucho ver la película de: «Los Increíbles», porque en ella podemos ver reflejado el pensamiento del común de la gente y sale a relucir cómo la mayoría trata de colocar en un molde a aquellos que se consideran héroes.

Es una lucha titánica la de la familia «Increíble» para lograr ser lo que anhelan y lo que en esencia son. Ser diferente implica hacer cambios en la vida, en especial en la forma de pensar. Implica tener que dejar muchas veces de escuchar lo que dicen nuestros familiares y relacionados.

Cuando nos atrevemos a ir en contra de la corriente actual de este mundo, estamos actuando de forma diferente y para muchos eso será un signo de demencia. Cuando algunos digan que sí a los comportamientos ociosos y dañinos que se promueven en la sociedad, propóngase ser diferente diciéndoles que no a esos malos hábitos que la mayoría aprueba como buenos y válidos.

Cada día somos más desafiados a ser diferentes. Sea diferente al común de la gente. Sea diferente aunque le llamen «demente». Muestre amor a los demás, lleve esperanza al que no la tiene, ejercite la fe, crea en los milagros, dé sin esperar algo a cambio, haga lo que tiene que hacer a tiempo, no juzgue a la ligera, esfuércese y confíe en Dios.

Los grandes genios de la humanidad en algún momento fueron catalogados como personas sin juicio, y aún el evangelio para muchos es una señal de locura, pero recuerde que esto es para los que se pierden. Aunque usted vaya contrario a la corriente, pelee la buena batalla y propóngase hacer algo diferente.

Día 59

CUIDE SU SALUD

Denos usted de comer solamente verduras, y de beber solamente agua. Pasados los diez días, compare usted nuestra cara con la de los jóvenes que comen lo que come el rey.

Daniel 1.12–13 (TLA)

Llevar hábitos que beneficien la salud es esencial para tener una vida balanceada. Sin embargo, el estilo de vida rápido que se lleva hoy en día está atentando contra la salud de las personas. El consumo de drogas y de alcohol, el desenfreno sexual y la promiscuidad, la falta de oportunidades y de ingresos, la proliferación de la comida chatarra, la falta de Dios en los seres humanos, la falta de voluntad política en los sistemas sanitarios, todo esto conspira contra la salud. Pero la salud también es un estado de completo bienestar que incluye lo físico, mental, emocional y espiritual.

Hay un perfecto orden en todo lo que Dios diseñó en nuestro organismo. Muchas personas que dicen ser creyentes ignoran el hecho de que tienen que manejar la salud de manera responsable y se escudan detrás de la afirmación de que Dios está en control, dejando de lado la parte que él ha depositado en sus manos como fieles mayordomos y administradores.

Entre los mejores hábitos personales que podemos desarrollar para beneficiar la salud están: incluir alimentos balanceados; tomar abundante agua; descansar; hacer ejercicios; no ingerir exceso de azúcares, de sal y de grasas; ir de manera habitual al baño; mantener hábitos de higiene; evitar los refinados; ejercitar la mente más a menudo; dar y recibir amor; disfrutar de la creación; compartir en familia; y por supuesto, alimentar el alma y el espíritu. El hábito de desayunar es de igual manera importante, porque no hacerlo le roba la energía que necesita para enfrentarse a las tareas de todos los días.

El alcohol y los cigarrillos perjudican la salud; de hecho, las mismas compañías distribuidoras así lo reconocen.

No obstante a todo esto, usted es quien decide si va a comer comida chatarra, si va a fumar o no, si tomar alcohol o no, si hacer ejercicios o ver televisión, si descansar o no, si tomar bebidas gaseosas o tomar zumos y agua.

Establezca un horario fijo para cada comida, ya que el comer a deshoras tarde o temprano traerá muy malas consecuencias. Planee las comidas con anticipación y sea creativo; realice un menú, pues así tendrá tiempo para analizar con qué va a alimentarse y alimentar a su familia.

Mantenga el esquema de vacunación de sus hijos al día, y enséñeles desde pequeños a comer saludable; hágalo paulatinamente, pero hágalo. Puede introducir las frutas una a una, o el arroz blanco lo puede sustituir de manera intercalada, por ejemplo: haciendo los arroz con granos (frijoles, pollo, guandules, cúrcuma, etc.) con arroz integral. Recuerde también hacer un chequeo médico periódicamente, tome vitaminas y suplementos ya que aportan al buen funcionamiento del cuerpo.

La batalla contra mi propio yo

Día 60

UN BUEN SENTIDO DEL HUMOR

El gozo del Señor es nuestra fortaleza.

Nehemías 8.10 (NVI)

Fomentar el buen sentido del humor puede llegar a convertirse en un hábito si solo se lo propone. No significa tener que hacer historias cómicas y chistes constantemente o estar riéndose de todo, sino que el buen sentido del humor va más allá. Siendo honestos, no es algo fácil de mantener todos los días, pero se puede adoptar una actitud de alegría en medio de muchas situaciones.

El buen sentido del humor tiene que ver con la capacidad de ver el lado divertido a cada cosa que sucede. Es enfrentar de manera templada y con serenidad los contratiempos, es mantener el gozo, característica esta que debe acompañar a aquellos que se dedican a influir sobre los demás, especialmente a los creyentes, porque un creyente sin gozo no estaría reflejando la presencia de Dios en su vida. Muchos creen que tener buen sentido del humor es no tomar las cosas en serio. Una cosa es ser serio y otra muy distinta es ser aburrido.

Tener buen sentido del humor genera un ambiente placentero y agradable, hace que las personas se sientan más relajadas y liberen cargas. La capacidad de sonreír, de brindar alegría a otros y de ver el lado jocoso a las situaciones nos hacen seres humanos más felices. Cualquier persona quisiera estar con alguien que tenga un buen sentido del humor.

Le animamos a sonreír frecuentemente. No se supone que alguien que lleve alegría a otros y esperanza esté con cara de aburrimiento todo el tiempo. Las personas que desean ser exitosas deben cultivar el buen sentido del humor. Haga de sus días los mejores que pueda vivir, reparta alegría como si la alegría de los demás dependiera de usted; eso aliviará al que se siente triste, hará reír al malhumorado y levantará el ánimo del deprimido. Por eso el buen sentido del humor resulta en una cura de males, no solo para que el que lo desarrolla, sino también para el que lo recibe.

Día 61

SEA HONORABLE

Y ella lo asió por su ropa, diciendo: Duerme conmigo.
Entonces él dejó su ropa en las manos de ella, y huyó y salió.

Génesis 39.12 (RVR 1960)

Un hombre le prometió a su mejor amigo que lo enterraría en el lugar de su nacimiento. El único problema era que en esos tiempos no había carro fúnebre y la distancia era de más de 300 kilómetros, por lo que el viaje tuvo que hacerlo a caballo. Otro hombre se le acercó y le preguntó: ¿Cuál es la razón por la que tenemos que ir tan lejos a enterrar a su amigo? A lo que él le contestó: Porque le di mi palabra.

Una de las mayores virtudes de los hombres y mujeres de honor es que cumplen con su palabra. Son seres humanos responsables de lo que dicen y de lo que hacen. Ellos se esfuerzan para hacer lo que tienen que hacer, en el tiempo que lo deben hacer y por ser personas honorables en la sociedad, fieles a sus principios. Lo más interesante es que ser honorable no tiene nada que ver con el dinero, es un estilo de vida que se escoge vivir. Las personas de honor no temen manejarse en medio de las presiones; rectifican sus errores a tiempo y procuran dejar un legado a la descendencia que están forjando. Otro de los retos de las personas de honor es ser leal, una cualidad muy especial.

En relación al honor, cabe hacer las siguientes preguntas: ¿Puede usted confesar a sus hijos cada cosa que hace? ¿Podría explicarles sin temor cuál es su día a día, a qué se dedica? Si tuviera una pantalla gigante y en esa pantalla se reflejara todo lo que ha sido en los últimos 20 años, ¿permitiría que sus hijos la vieran con toda libertad o hay algunas escenas que preferiría editar y sacarlas de la cinta? Cuando hablamos de honor nos referimos a eso, a la transparencia que nos da una vida de conducta íntegra. Cual José, el hijo de Jacob *(Génesis 39)*, sea un ente de principios y honorable. Esa fidelidad le llevará a recibir grandes recompensas a su tiempo.

Día 62

VELE POR LA CREACIÓN

Los cielos cuentan la gloria de Dios y el firmamento anuncia la obra de sus manos.

Salmos 19.1 (RVR 1960)

Dios nos ha confiado la tierra para que vivamos en ella y la disfrutemos. La naturaleza ha sido manifiesta al hombre como un recurso de vida y debe ser administrada de manera sabia y cuidadosa. Con la creación se da el mismo caso que con el cuerpo: el uso que le damos debe ser fiel a los parámetros que Dios ha dispuesto para nuestro propio bienestar.

El incremento de la raza humana, la contaminación, el desarrollo de la ciencia y la tecnología, las sustancias químicas, los intereses personales, económicos y de gobierno y la falta de políticas públicas ambientales son algunos de los causantes de los daños en el medioambiente de manera global, amén de que la misma naturaleza tiene sus ciclos de escape ambiental. Sin embargo, hay una parte que no es global y que corresponde a cada ser humano.

¿Cómo puede uno contribuir a la salud del medioambiente? Hay distintas maneras de hacerlo y los hijos de Dios deberíamos ser los primeros en apoyar las medidas medioambientales. Esto porque la naturaleza revela la divinidad de Dios y es parte de su esencia; es un patrimonio que debemos defender con ahínco y es deber de la iglesia protegerlo.

Algunas maneras de contribuir con el medioambiente son las siguientes: reciclando, lo cual también genera un ahorro económico; no tirando basura ni desechos en los ríos y mares; si es parte de una junta de vecinos, luche por mantener las áreas verdes de su sector, que estén limpias y se conserven en buen estado; dando un adecuado uso a la energía eléctrica y al agua; mantener los *mufflers* de los vehículos en perfectas condiciones; prevenir el uso de sustancias químicas sobre todo en aerosoles; sembrar varios árboles y no uno como citan algunos.

El mandato bíblico de: «sojuzgar la tierra» no fue una licencia para convertirnos en depredadores, sino en celosos conservadores de la tierra. Al cuidar y proteger los recursos naturales, tomamos en cuenta a las futuras generaciones y dejamos un legado de vida sana. La explotación ambiental es un recurso maldito del cual Dios pedirá cuenta. Debemos tomar acciones positivas en pro del medioambiente y para lograrlo se necesita la voluntad de cada uno.

Tome una actitud positiva frente al cuidado del medioambiente, desarrolle el hábito de conducirse de manera correcta en relación a los recursos naturales que le rodean. Cuidar lo que Dios nos ha otorgado debe ser un estilo de vida, porque el medioambiente nos brinda recursos para sostenernos en todos los sentidos.

La batalla contra mi propio yo

Día 63

EL VALOR DE RESTITUIR

Sin falta le devolverás la prenda cuando el sol se ponga, para que pueda dormir en su ropa, y te bendiga; y te será justicia delante de Jehová tu Dios.

Deuteronomio 24.13 (RVR 1960)

¿Alguna vez le ha pasado que presta algo y se lo devuelven roto o inservible? Restituir es la capacidad de retornar una compensación por un daño que se ha provocado. Al restituir, usted devuelve parte de la energía o recurso que el otro usó, pero del que usted ha sido el beneficiado.

La restitución debe hacerse, sea que el daño que ocasionó haya sido de manera voluntaria o involuntaria. Muchas personas son expertas en devolver objetos en mal estado, rotos, descuidados e inservibles; o de provocar daños emocionales o físicos sin muestra alguna de arrepentimiento por lo sucedido. Estas son personas que no conocen el valor que tiene hacer restitución.

Cultive el hábito de restituir. Restituya objetos, dinero, prendas, tiempo, relaciones. Cuando usted ocasiona un daño, debe ser lo suficientemente responsable como para repararlo. Una persona que no restituye lo que ha dañado es una persona que comete hurto.

Restituya a sus hijos y devuélvales dedicación en tiempo, tanto en cantidad como en calidad. Restituya transparencia y honestidad a su pareja; los matrimonios sufren daños en ocasiones y esos daños deben ser resarcidos.

Día 64

DISFRUTE LA VIDA

Yo he conocido que no hay para ellos cosa mejor que alegrarse, y hacer bien en su vida; y también que es don de Dios que todo hombre coma y beba, y goce el bien de toda su labor.

Eclesiastés 3.12–13 (RVR 1960)

Ciertamente andamos por la vida con deseos de llevarnos el mundo por delante. Establecemos metas, objetivos, corremos una carrera con tal velocidad que muchas veces nos sentimos agotados y el cansancio nos agobia, produciendo en nosotros frustración. Si eso llega a sucederle, es porque debe hacer una mirada en retrospectiva hacia su vida y ver si ha tenido momentos para detenerse.

Las experiencias que ganamos no sirven de nada si no

las disfrutamos. La capacidad de disfrutar es uno de los maravillosos regalos que Dios nos ha brindado. Hay personas que se mantienen tan ocupados tratando de alcanzar el éxito que se olvidan de que tienen a su alrededor la razón principal para alcanzarlo: su familia. Dios quiere que avancemos, y en esa transitar hacia el avance, también nos pide que nos detengamos, no solo a descansar, sino también a disfrutar de todo lo que él nos ha brindado como si fuera el último día de nuestra vida.

Disfrute a su pareja, a sus hijos, a sus padres y a toda su familia. Disfrute a sus amigos y hermanos de la comunidad a la que pertenece. Las tensiones del trabajo salpican a nuestros seres queridos y ellos merecen que les dediquemos tiempo y atención.

Disfrute de la creación de Dios. Aparte tiempo para visitar lugares: playas, ríos, montañas, etc. Propóngase a que cada año traiga mejores cosas para su vida. Aprenda a alegrarse con los demás. Confíe en Dios y viva con intensidad no solo la carrera de sus sueños, sino también la vida.

REGALE UN DÍA MEJOR

Y si un hermano o una hermana están desnudos, y tienen necesidad del mantenimiento de cada día, y alguno de vosotros les dice: Id en paz, calentaos y saciaos, pero no les dais las cosas que son necesarias para el cuerpo, ¿de que aprovecha?

Santiago 2.15–16 (RVR 1960)

Recuerdo una noche en vísperas de navidad, un pastor nos convidó para predicar el evangelio con un grupo de hermanos a altas horas de la noche. Había una gran orquesta móvil sobre un camión con el fin de llamar la atención y llegamos a un área de Santo Domingo en donde abunda la prostitución. En ese lugar, muchas de las mujeres no habían comido durante todo el día, y para completar, en frente había un grupo de unos 40 indigentes durmiendo en el suelo. Esa noche decidimos que íbamos a dar el regalo completo: además del pan espiritual, levantamos una buena ofrenda de amor y se les entregó para tener agua y alimento. La cara de felicidad de esas personas era evidente, se mostraban sumamente agradecidos. Estuvimos unas dos horas con ellos y para cerrar con broche de oro se hizo un fiestón con la orquesta móvil. Uno de los indigentes dijo: «Este ha sido el mejor de mis días en este mes».

Dar es algo más que extender la mano y pasar unas cuantas monedas a un necesitado. Es mucho más que dejar una pequeña propina a un mesero en un restaurant. Dar es algo que debe salir de lo profundo del corazón, y cuando lo hacemos de esa manera, la medida será buena, apretada, remecida y rebosante. La mayor evidencia de una fe real es compartir lo que tenemos con los que están a nuestro alrededor, en especial los que tienen necesidad, pero esa necesidad no es solo la espiritual, sino también material. El apóstol Santiago lo dijo de la siguiente manera: «La fe sin obras es muerta».

Compartir con otros nos permite regalar un día mejor a la personas necesitadas. Por eso la Biblia dice: «Al que te pida dale». *(Véase Lucas 6:30 LBLA.)* Al compartir con gracia de lo que por gracia de Dios hemos recibido, podemos hacer que otros tengan un mejor día.

Siempre hay algo con lo que podemos bendecir a otros: dando agua al que tiene sed, dando de comer al hambriento, compartiendo la alegría y consolando en la tristeza, visitando al enfermo y orando por ellos, dando una sonrisa, un abrazo, una mano amiga, llevando esperanza al alma herida.

Le animamos a compartir de lo mejor que tenga. Aunque no tenga plata ni oro, dé lo que hay en su alma y propóngase regalar un día mejor.

Día 66

DOMINE SU LENGUA

La muerte y la vida están en poder de la lengua.

Proverbios 18.21 (RVR 1960)

Los mudos son excelentes personas; de hecho, he visto muy pocos mudos conflictivos. Esto nos confirma que la lengua es la que nos mete en la mayoría de los problemas. La lengua puede convertirse en uno de nuestros mayores enemigos y la parte del cuerpo con el mayor desafío para controlar. Si uno aprende a manejar su lengua, puede llegar a manejar la mayor parte de su cuerpo. Es seguro que si la domina, se salvará de la mitad de los problemas, y dándole un buen uso le podrá ayudar en la otra mitad.

Callar la lengua es uno de los aretes que les cuesta colgar a muchas personas en la otra oreja. Lo lamentable es que, en las iglesias se da el caso más de lo que podemos imaginar.

Estamos tan acostumbrados a la estridencia que entendemos que cuando no se habla sobre algo que sucede de manera particular, no estamos ayudando, cuando resulta que es todo lo contrario.

El Señor demanda de nosotros hacer silencio porque él habla en medio del silencio. Usted puede usar la lengua para: chismear, sembrar discordia, levantar falsos testimonios, gritar, maldecir, ponerse delante en un caso, alborotar a los demás para conseguir lo que quiere, herir, insultar, ser grosero, murmurar, proferir malas palabras, mentir, ser jactancioso y decir palabras ociosas sin ninguna importancia y de poca edificación; y con la misma lengua puede: bendecir, construir, tener buenas conversaciones, animar, consolar, hablar de Dios, aconsejar, brindar dulzura y manifestar sabiduría. Realmente es una fuente de agua dulce y amarga, pero ¿cuál de las dos aguas vamos a escoger?

La mayoría de los grandes líderes de la antigüedad, aprendieron el arte de disciplinar su boca; de esta manera podían enfrentar el mundo en el que vivían con disciplina y liderar el pueblo con sabiduría. El líder influye sobre los demás y se le confiere poder para emitir declaraciones y juicios, para dar dirección por medio de las palabras. Por eso, una de las habilidades en términos de comunicación que debe desarrollar todo líder es el uso de su lenguaje, porque a través de lo que dice y cómo lo dice refleja su verdadera personalidad y su vocación de líder.

Evite hablar apresuradamente y de manera impulsiva. Sea tardo para hablar y pronto para escuchar. Utilice su lengua para la sana edificación de los demás. Usted tiene todo el derecho de decir lo que quiera, pero antes de hacer uso de su derecho, piense en la vida y el testimonio de los demás. Use su lengua para hablar con Dios; evite las personas ruidosas que utilizan la lengua con ligereza para dañar a otros y trate de no inmiscuirse en conversaciones donde no le llamen.

No se apresure a recabar informaciones sobre un caso en particular para salir a murmurar. No comparta componentes que puedan involucrar a otras personas. Ante las criticas, la denigración y la persecución verbal que otro cometa en contra suya, tome la decisión de callar y hacer silencio. Pregúntese: ¿Es realmente necesario lo que voy a decir? ¿Ayudará a resolver el conflicto? ¿No estaré echando más leña al fuego? ¿Lo que voy a decir es un hecho o se basa en rumores que he escuchado? El corazón del justo piensa antes de responder, y el que quiere amar la vida, guiar a otros y ver días buenos, debe refrenar su lengua.

La batalla contra mi propio yo

Día 67

EL ARTE DE PRIORIZAR

La necedad es alegría al falto de entendimiento; Mas el hombre entendido endereza sus pasos.

Proverbios 15.21 (RVR 1960)

Tenga cuidado con lo improductivo de una vida sobrecargada. Es muy fácil que nuestro tiempo esté definido por actividades que no tienen ningún tipo de conexión con nuestro futuro, lo cual es falta de entendimiento. Siempre que haga algo a lo que le dedique un tiempo importante, pregúntese si eso tendrá algún sentido para su vida en los próximos cuarenta años. Priorizar nos ayuda a enderezar los pasos.

Para el creyente la primera prioridad es Dios, y una persona que viva esta verdad experimentará grandes bendiciones, tanto personales como espirituales; pero en términos terrenales hay cuatro cosas sobre las cuales usted debe mantener el enfoque de sus prioridades. La primera es la familia. En el diseño de Dios la familia es una principal prioridad, por lo que debe apartar tiempo para atenderla. No sirve de nada ganar todo lo que podamos ganar si hemos perdido la familia.

En segundo lugar, defina los niveles en cuanto a metas y objetivos; si no define con claridad el nivel de cada objetivo, andará como un barco que sale hacia algún lugar, pero se pierde en el océano. ¿Qué sentido tiene salir hacia ningún lado?

En tercer lugar, debe establecer prioridades en sus relaciones. Si no determina quiénes serán las personas a las que debe dedicar más tiempo, tendrá serias dificultades. Hay personas a las que yo llamo: «chupa vidas»; son ese tipo de gente que siempre tienen una letanía acerca de sus problemas, pero no ponen de su parte para salir de ellos, y le roban a usted su tiempo y el de su familia. Hay personas que buscan víctimas con las cuales construir sus sueños y para ello necesitan robarle el tiempo.

Y en cuarto lugar, establezca prioridades en las tareas importantes de cada día y en sus actividades. Hacer el hábito de priorizar actividades le dará tanta precisión que le permitirá hacer un cerco alrededor de aquellas cosas que le roban tiempo. Si no sabe cuáles son sus prioridades, su vida se vuelve un caos. Piense que este es un hábito que lo puede llevar a la cima y que le ayudará a tomar el control.

Una de las características fundamentales de una persona de éxito es el riguroso manejo de sus prioridades. No hacerlo significa no tener idea de quién es. Solo aquellos que tienen una estima baja dejan que los demás le programen su tiempo y esto está muy vinculado con el fracaso. Usted debe diseñar y administrar su tiempo; debe preocuparse por definir sus prioridades.

Comprométase ahora mismo a definir prioridades en relación a Dios, su familia, sus metas, sus relaciones, sus tareas y sus actividades. Haga un listado de ellas. Defina bien sus hábitos y a cada asunto otórguele una valoración. Decida lo que ha de poner diariamente en su agenda, pero con verdadero sentido de prioridad.

La batalla contra mi propio yo

Día 68

SALUDAR ES DAR SALUD

La paz sea contigo. Los amigos te saludan. Saluda tú a los amigos, a cada uno en particular.

3 Juan 1.15 (RVR 1960)

El saludo es uno de los hábitos más influyentes en el éxito de las relaciones. Al saludar, usted desea implícitamente que las personas tengan salud y que estén bien, por ello, un saludo siempre es bienvenido. Usted no puede llegar a los lugares sin saludar, porque esto generará un malestar hacia su persona. A lo largo de la vida, hemos visto gente de todos los niveles sociales e intelectuales llegar a un grupo y saludar a una sola persona, ignorando a todo el que está alrededor, algo de muy mal gusto.

Los animales tienen un código de comportamiento y al llegar a una nueva manada, buscan el agrado de los miembros haciendo distintos gestos. Llegar a un lugar sin saludar sugiere que estamos comportándonos en peores circunstancias que los animales, por tanto, es urgente revisar la manera de abordar a los demás. Este primer acercamiento es una de las pocas oportunidades que poseemos para caer bien, y caer bien es una puerta que nos abre muchas posibilidades. Si usted no logra caer bien, no espere mucho de los demás.

Haga el hábito de saludar. El tipo de saludo va a depender del nivel de confianza que se tenga y esto es sumamente importante porque hay personas que se van encima de los demás sin siquiera tener algún vínculo de confianza con ellos. Sin embargo, trate de no perderse la oportunidad de caer bien mediante un buen saludo. Salude mirando a los ojos y haga de este saludo un ritual, no un acto simple que hace solo por educación y del cual quiere salir de inmediato. Las personas saben cuando usted saluda para salir del paso o saluda con sinceridad.

Ensaye su saludo, invierta tiempo en descubrir cómo saluda a los demás. El saludo es un vestido emocional. No importa cuán bien vestido físicamente se encuentre, si no saluda, las personas lo tildarán de odioso y mal educado. Ponga de su parte para causar una impresión agradable en todos los lugares que visite. Dé lo mejor a las personas y nunca permita que una falta de educación en el saludo le cierre una puerta. Salude y hágalo con alegría y entusiasmo.

Día 69

MANTENGA LÍMITES DE PRIVACIDAD

Con sabiduría se edifica una casa, y con prudencia
se afianza.

Proverbios 24.3 (LBLA)

En una ocasión mi hija mayor me dijo: «En esta casa siempre hay tanta gente, que ya no me importa quién entra y quién sale. Realmente no tenemos privacidad». Ser abierto, comunicativo, servicial, simpático, hospitalario y desprendido es una cosa, pero desbordar los límites de la privacidad es otra. Todo lo que usted es o hace a nivel de su persona y su familia no tiene por qué conocerlo todo el mundo. La información de su vida personal y de familia debe tener límites. Hay una línea muy frágil entre la información y la intimidad. La pregunta que cabe en ese sentido es: ¿hasta qué punto se debe permitir la intromisión de terceros en la vida familiar? ¿Tiene todo el mundo que saber todo acerca de mi vida y la de mi familia?

Este es un caso que se da mucho en personas muy ocupadas y líderes religiosos, quienes se ven precisados a delegar a otros las tareas que no pueden hacer, dejando entrar a un sin número de terceros a su hogar y poniendo al descubierto su intimidad. También se da en personas que simplemente se consideran sencillas y humildes, por lo que entienden que no necesitan establecer límites si no guardan ningún secreto.

Lesionar la intimidad es algo que tarde o temprano trae sus consecuencias. Hay personas que hablan de sus ingresos, de su trabajo, de lo que hacen o dejan de hacer sin ningún miramiento. Eso hace que los demás se hagan ideas sobre ellos que probablemente no sean del todo ciertas. No cabe duda que en una sociedad en donde la tecnología ha alcanzado niveles extraordinarios con las redes sociales y los móviles, la recopilación de datos sobre la vida personal ha escalado niveles alarmantes.

Exponer la intimidad, ya sea del espacio físico de su casa o de la vida en familia, vulnera y expone la privacidad de los suyos. Poner límites enseña a nuestros hijos que también sus cuerpos tienen límites y que nadie debe violentarlos. Aun hay parientes cercanos a los que debemos establecerles límites.

La casa pastoral en un sentido pertenece a la congregación, por cuanto el pastor se da completo a ella, pero esto también tiene un límite, porque en el sentido restante los miembros deben entender que el pastor, al igual que ellos, tiene vida propia y familia. En ese aspecto y otros más se practica lo que se llama: «Ética pastoral». Hay cosas que son estrictamente privadas y que solo le pertenecen a usted y a sus seres más cercanos.

No maneje tan abiertamente sus datos personales, no ofrezca sus claves secretas a todo el que está a su alrededor, no deje penetrar a terceros a su casa por amor al arte. Usted o un miembro de su familia pudiera estar descansando con alguna ropa fresca y llega alguien que por la extrema confianza entra y le ve en cualquier prenda de vestir.

Aun cuando vaya a tener obreros para realizar un trabajo de reparación, debe tener el cuidado de no exponer su intimidad. Hay personas que lo dicen todo delante de extraños y ponen en riesgo la integridad física de su familia. Pueden divulgarse hechos estrictamente personales como: lo que generalmente se almuerza o la hora en que realizan ciertas labores, lo que se dice en las conversaciones, etc.

Regule los limites, establezca hasta dónde puede haber injerencia de terceros. Muchos creyentes piensan que no debe existir límites entre hermanos de la congregación y esto tiene solo una parte de cierto. Aun los misterios de Dios tienen límites frente a los seres humanos. Hay cosas que simplemente a Dios no le ha placido revelar, por eso al apóstol Juan le dijo a través del ángel: «Sella las palabras que los siete truenos han dicho y no las escribas». *(Apocalipsis 10.4 RVR 1960)* No se trata de ser cerrado, antipático o extremadamente celoso de su casa, sino que la intimidad es un derecho inherente del ser humano. Establezca límites y respete los límites de los demás; respetarlos le hará una persona más prudente.

La batalla contra mi propio yo

Día 70

RECOJA LAS ESPIGAS

Desde que llegó no ha dejado de trabajar con esmero,
excepto por unos momentos de descanso en el refugio.

Ruth 2.7 (NTV)

En una ocasión, una jovencita llamada Rut, que era moabita, pasaba junto a su suegra un tiempo de mucha dificultad económica y emocional. A punto de morir de hambre, convino con su suegra Noemí para ir al campo de la cosecha a recoger algunas espigas de las que quedaban en el camino, que eran destinadas a los pobres e indigentes. En el proceso de recoger espigas, un hombre la vio, y el nombre de ese hombre era Booz, el cual se interesó en ella, y luego la redimió.

Lo cierto es que nuestra vida está llena de buenos momentos, momentos regulares, y a veces muy malos. Sin embargo, la manera en la que recibimos esos momentos es lo que hace la diferencia. Si usted es un ser humano normal, le llegarán los tres momentos y tendrá que afrontarlos. Nuestro consejo es que cuando le toque recoger espigas, lo haga con dignidad y entusiasmo, pues de repente, en recoger las espigas está la puerta hacia su bendición.

Haga el hábito de trabajar aunque en algún momento su trabajo no sea el mejor pagado; su tiempo nunca será gratis cuando hace algo importante en la vida. Sea por una remuneración o no, trabajar siempre aporta a nuestro intelecto y a nuestra capacidad de resolver problemas. Nos abre oportunidades de crecimiento.

Estar desempleado no es lo mismo que estar sin trabajo. Hay muchas personas que, por el hecho de no tener todas las condiciones que tuvieron en un pasado, no aceptan otra tarea por considerarla menor. No hay tareas pequeñas, hay corazones orgullosos. Siempre hay trabajo para quienes están dispuestos a recoger espigas, y siempre hay un redentor para el que las recoge. Su sanidad, bendición y restauración cuando se mantiene recogiendo las espigas es cuestión de tiempo.

MOTIVE A LAS PERSONAS

Por lo cual, animaos unos a otros, y edificaos unos a otros,
así como lo hacéis.

1 Tesalonicenses 5.11 (RVR 1960)

Por alguna razón importante las personas necesitan que le presten atención. Parece increíble, pero más del 97 por ciento de las personas necesitan de un estímulo externo para hacer su trabajo. Esa motivación no es solo por dinero, bienestar o las comodidades de los bienes materiales; increíblemente esas cosas pueden llegar a tener menos peso que las palabras de aliento.

Hay un efecto misterioso que tienen las palabras de estímulo sobre las personas, que les hace actuar con mucho más diligencia que con la inexistencia de estas. Eisenhower, general supremo del ejército aliado en la Segunda Guerra Mundial y presidente de los Estados Unidos en dos ocasiones, dijo: «El liderazgo consiste en lograr que la gente haga lo que usted quiere porque ellos quieren hacerlo». Entienda que como un carro trabaja con gasolina, así también las personas trabajan con motivación, y la motivación, al igual que el combustible, se acaba.

Haga el hábito de motivar a las personas; hágales saber cuán importantes son. Dé palabras de aliento. Identifíquese con ellas y sus necesidades; no las deje solas por mucho tiempo. El ser humano cuando está solo tiende a sentir que ha sido abandonado y pierde la motivación, en consecuencia, su rendimiento es menor. Cuando usted echa combustible a su carro, no le está haciendo un regalo al vehículo, sino que el regalo se lo hace a usted mismo, por cuanto el carro le conducirá a donde quiere llegar. Cuando estimula e invierte en las personas para que sean mejores y los motiva en relación a lo que han hecho, siempre va a obtener de ellas su mejor sonrisa, su mejor regalo, su mejor labor. Por ello, motivar es uno de los actos más inteligentes que podemos hacer para bien relacionarnos con los demás. Motive y recibirá mejores resultados.

Día 72

EL ARTE DE LA EXCELENCIA

¿Has visto un hombre diestro en su trabajo? Estará delante de los reyes; no estará delante de hombres sin importancia.

Proverbios 22.29 (LBLA)

La excelencia es un hábito. Lamentablemente la mediocridad es la norma que eligen muchas personas. Ser excelente es una decisión y esto ocurre en una cadena de actos diarios que proporcionan un resultado final. Es como un piso de mosaicos en el que cada uno debe estar milimétricamente ordenado y conectado con el otro. Si cada mosaico tiene un centímetro de diferencia, el descuadre del piso será evidente. Es lo mismo que ocurre con los cuadros de la vida: todos ellos están conectados y si se varía un solo centímetro, el final será un desastre.

Imagínese que le toca echar cien litros de agua en un lugar

todos los días, pero sucede que cada día usted solo echa 90; parecería un buen promedio, sin embargo no es así, porque al cabo de diez días usted tendrá cien litros menos, lo cual significa mucho. Usted decide en la vida ser excelente y esto requiere que la suma de todas sus tareas sean excelentes, y en algunas superen el cien por ciento. La excelencia es su mejor decisión y empieza por los pequeños detalles.

Haga el hábito de exigir la excelencia en todo lo que hace. Sea un excelente empedernido; será la única forma de que al final de la jornada usted tenga un récord excelente en su totalidad. Cada día las personas nos evalúan: el vestido, el vehículo, la puntualidad, la diligencia, la entrega, y en la suma esto dará un promedio de calidad.

El desequilibrio produce brillantez, la perfección produce excelencia, y parece que no, pero hay personas que son brillantes, sin embargo, no son excelentes; la diferencia es que el brillante lo hace en un solo aspecto de su vida. Por ejemplo, hay artistas que son brillantes en el arte, pero como seres humanos responsables podrían ser un fracaso, porque su vida es desequilibrada. Hay artistas que son excelentes y que también tienen su empresa bien organizada, su vida bien distribuida y viven una vida de excelencia. Los brillantes pueden tener un talento natural, los excelentes deben construirse día tras día. Ser brillante es un don, ser excelente es un arte.

Día 73

AL QUE MADRUGA DIOS LO AYUDA

Perezoso, ¿hasta cuándo has de dormir? ¿Cuándo te levantarás de tu sueño?

Proverbios 6.9 (RVR 1960)

S i hay un hábito que tienen los verdaderos hombres y mujeres de éxito es el de madrugar. Sin duda alguna que madrugar ayuda a organizar el pensamiento y aumenta la productividad. Madrugar es también una evidencia de que amamos a Dios, por cuanto decidimos tomar las primeras horas del día para darle gracias y alabarle por todas sus obras. El rey David decía: «Dios mío, de madrugada te buscaré», *(Véase Salmos 63:1 RVR 1960)* y Dios mismo es un madrugador per se; fíjese que la resurrección fue en horas de la madrugada.

Madrugar, es además, una evidencia de diligencia, pues el

que no se levanta temprano es simplemente un perezoso. Es evidencia de que somos personas con voluntad de trabajo y de pensamiento estructurado. Esta es una acción que podría resultar muy molesta durante los primeros diez días, pero una vez logre rebasarlos y persistir en el hábito, se dará cuenta de cuán satisfactorio es y de los resultados que puede lograr al comenzar las tareas más temprano.

Si usted es de los que dicen: el tiempo no me alcanza, quiere decir que debe levantarse mucho más temprano. Todo aquel que quiere recibir lo que Dios le ha prometido debe madrugar.

Programe una alarma que tenga un buen sonido para despertarle. Para levantarse temprano debe acostarse lo más temprano que pueda. Levantarse temprano le permitirá tener una comunión con Dios descansada y sin prisa, ya que muchos creyentes resuelven su día delante de Dios con una fugaz oración de cinco minutos, y particularmente no creemos que Dios merezca eso de nosotros; también le permitirá desayunar con tranquilidad, hacer ejercicios o salir a caminar, organizar su agenda y sus actividades, dar las directrices que debe dejar en su casa con calma y le evitará tener que ahogarse en el pesado tráfico de la mañana.

Por cierto, el refrán: «Al que madruga, Dios lo ayuda», no se encuentra literalmente en la Biblia, aunque sí toda la Palabra de Dios da evidencias claras de que este popular refrán es una innegable realidad.

Día 74

RECOJA, PERO NO SEA AVARO

Y les dijo Moisés: Ninguno deje nada de ello para mañana. Mas ellos no obedecieron a Moisés, sino que algunos dejaron de ello para otro día, y crió gusanos, y hedió; y se enojó contra ellos Moisés.

Éxodo 16.19–20 (RVR 1960)

Guardar no tiene nada de malo siempre que se guarde lo necesario, lo justo y lo conveniente. Jesús nos cuenta la historia de un hombre que logró todo lo que pudo lograr y que al ver todas sus riquezas, decidió romper sus graneros para hacerlos más grandes y seguir acumulando mucho más. *(Lucas 12)*

Guardar excesivamente puede ser un signo de avaricia. Hay personas que, encaminándose hacia el éxito, pierden el enfoque de la vida integral y se les hace muy difícil desprenderse de lo que obtienen. Hay seres humanos que no comparten absolutamente nada de lo que poseen, porque entienden que aquel que quiere algo debe trabajar de igual manera que ellos para obtenerlo. El ser avaro puede llevar a cometer muchos errores. La avaricia puede manifestar el monstruo interior de una persona porque se propone lograr lo que quiere a cualquier precio, algo bastante temible.

El pueblo de Israel se vio probado por Dios en el desierto cuando se le proveyó del maná. No estaban acumulando dinero, pero sí acumulaban la comida, provocando a Dios a ira. Esto no les sirvió de nada porque la comida se pudría y le caía gusanos. Hay personas que han acumulado tanto; sin embargo, sus riquezas los gusanos las han atacado a través de una enfermedad, un hijo preso o una estafa que los lleva a la quiebra.

Habiendo tanta necesidad en el mundo, guarde lo necesario para compartirlo y no solo para mantenerlo guardado. Guarde lo que necesite para reposar y para dedicar a la obra de Dios. Moisés dijo al pueblo: «Jehová ha dicho que guarden de lo que les sobrare para el día de reposo, porque es el día consagrado a Jehová». *(Véase Éxodo 16.16–24.)* Guarde lo que deba guardar para su descendencia, no por el mero hecho de dejarles riquezas, sino para mostrarles el beneficio que trae consigo el arduo trabajo y para manifestarles las misericordias de Dios para con usted. Moisés le pidió a Aarón que tomara una vasija y pusiera un gomer de maná para mostrar a la descendencia cómo estuvo Dios con ellos en medio del desierto. *(Éxodo 16.33–34)*

Guardar es de sabios si se hace con entendimiento y prudencia. Sea rico y gane todo lo que pueda, pero no quiera ganarlo de la noche a la mañana. Trabaje duro para conseguirlo, y guarde con la conciencia de hacer como Dios manda, para que lo que guarde no hieda ni se agusane.

Recuerde que la vida del hombre no consiste en los bienes que posee. *(Lucas 12.15)*

La batalla contra mi propio yo

Día 75

SEA ASERTIVO

La respuesta suave aplaca la ira, pero la palabra áspera hace subir el furor.

Proverbios 15.1 (RVR 1995)

Muchas personas suelen acusar a otros cuando se sienten mal con algún comportamiento, pero no saben con exactitud cuál es la razón para hacerlo. Se trata de un juicio ante una interpretación errada de los hechos. Ser asertivo es tener la capacidad de definir y expresar nuestros deseos de una forma directa y franca, pero adecuada. Una persona que grita, se queja sin un motivo o no va al grano de lo que trata de decir no es asertiva.

Decir lo que se siente no hace al otro culpable ni a usted un verdugo, simplemente se trata de expresar un sentimiento el cual es libre y por el que nadie tiene que ofenderse. Usted tiene todo el derecho de decir lo que siente y por qué lo siente, lo que quiere y cómo lo quiere. Nuestra recomendación es que cuando exprese un deseo o sentimiento con respecto a alguien o a algo, interprete con antelación sus propios sentimientos y no los de la otra persona, luego mire a los ojos a su interlocutor, hable con franqueza y escuche.

Al ser asertivo, usted puede expresar sus sentimientos sin ofender ni victimizarse. Por ejemplo, cuando usted se siente mal con su cónyuge porque está llegando tarde por sus actividades, debe decir: «Siento que estás dedicando mucho tiempo a estar fuera. Debes hacer los ajustes de lugar porque no me siento feliz con que llegues tan tarde»; antes de decir: «¡Tú no me quieres y no significo nada para ti! ¡De seguro tienes otra!». Otro caso puede ser el de los hijos. Si lo que trata de decirle a un hijo es que le escuche y le preste atención al hablar, no es lo mismo decir: «Eres un bueno para nada y un irrespetuoso», cuando lo que debe es mirarlo firmemente a los ojos y decir: «Cuando te hable, debes detenerte y prestar atención a lo que te estoy diciendo, porque cuando no lo haces, siento que me irrespetas».

Formar parte de equipos exitosos y de alto rendimiento requiere de asertividad. Hay que saber tener diferencias, desacuerdos y actuar bajo dominio propio. Hay que saber reaccionar ante la respuesta de los demás, porque alguien pudiera estar siendo asertivo, pero usted pudiera estar reaccionando mal ante la asertividad del otro. No se puede ser dominante ni autoritario, por lo que se debe aprender a negociar.

Para ser asertivos es probable que tenga que emplear más palabras, pero causará menos heridas y tendrá mejores resultados. Describa los hechos de manera concreta: «José, por favor, coloca las letras del texto un poco más grandes, tal vez en tamaño 12», no es lo mismo que decir: «¡Qué desastre! ¡Qué letras más chiquitas, eso nadie lo va a leer!» Para negociar, no tiene que discutir. Haga planteamientos precisos y no aéreos. No generalice, ni se vuelva histórico recordando cosas pasadas que ni vienen al caso.

Haga el habito de hablar frontalmente sin alterarse, expresando con rectitud cada una de las palabras que va a decir. Entrar en discusiones innecesarias marchita las relaciones y trae resentimientos. Acostúmbrese a decir: «Sí, No, Voy a pensarlo, No estoy de acuerdo, Me parece que no es correcto, De mi parte digo que no debe hacerse; Aún si lo haces te respeto, pero voy a sentirme muy mal con esa decisión», y frases similares que sean asertivas en relación a lo que verdaderamente siente y que le ayuden a perder el miedo ante la reacción de los demás.

La batalla contra mi propio yo

Día 76

EL VALOR DE LA ACEPTACIÓN

Padre, si quieres, aparta de mí esta copa; pero no se haga mi voluntad, sino la tuya.

Lucas 22.42 (RVR 1960)

Hay una enorme diferencia entre aceptar, resignar y resentir. Cuando usted acepta algo, está dando una respuesta positiva a un evento negativo. Cuando se resigna, se hace victima de la situación y mata el espíritu de lucha que Dios colocó, entendiendo que lo que sucedió fue porque se trataba de usted y merecía un castigo. Por último, está el resentimiento, que no es más que asumir una situación con dolor, deseando que alguien más pague por lo que a usted le está ocurriendo. El resentimiento es negar toda la responsabilidad que nos corresponde en un asunto y acusar a otros de la situación, guardando amargura en el corazón.

La mayoría de las enfermedades vienen de no aceptar las cosas que nos trae el día a día y de no hacernos responsables por las cosas que provocamos. La aceptación es el valor de entender que lo que pasó es posiblemente lo mejor que tenía que pasar. No aceptar nuestra realidad o la realidad que estamos viviendo es un tipo de mentira que nos hace mucho daño.

Le animamos a que trate de diferenciar bien entre estos tres conceptos, y busque el mejor de ellos. Evite por todos los medios dejar que su corazón se llene de resentimiento o resignación. Acepte y vea lo bueno de cada situación. Haga siempre la pregunta: ¿Cuál será el próximo nivel al que Dios me llevará después de este difícil momento? Cuando aprenda a aceptar su realidad, su mente se pondrá más clara, y esa claridad mental podrá ayudarle a hacer un compromiso por un cambio. Solo con un compromiso usted podrá producir cambios importantes.

José, hijo de Jacob y gobernador de Egipto, aceptó todas las traiciones, hizo silencio y siguió mirando al invisible, y cada uno de sus desafíos lo llevaron a un nivel superior ante Dios y ante los hombres, aunque inicialmente parecía ir en franco descenso.

Acepte, pero no se resigne y no guarde resentimiento. Siga sobria y firmemente, con una actitud de cambio ante cada situación que la vida le presente.

SEA ABUNDANTEMENTE GENEROSO

Pues doy testimonio de que con agrado han dado conforme a sus fuerzas, y aun más allá de sus fuerzas.

2 Corintios 8.3 (RVR 1960)

¿Cuán generoso es usted con las personas? Lo cierto es que de vez en cuando nos creemos generosos, pero sería bueno saber qué piensa la mayoría sobre nuestro nivel de generosidad. Una cosa es dar algo a alguien un día, otra es dar un regalo, y otra es dar con abundancia. La generosidad no es un don como muchos creen, sino un hábito que debe cultivarse con mucho dolor, pues el ser humano no está diseñado para dar, sino para recibir.

La generosidad es un hábito que nos hace más parecidos a Dios, quien es el más abundante y generoso, dándonos la vida, el mundo para vivirlo, nuestras familias, el trabajo; todo lo que tenemos y somos es un supremo acto de generosidad de parte de Dios. Al ser abundantemente generosos, simplemente hemos empezado a entender lo que Dios ha hecho por nosotros y lo aplicamos en la vida de los demás.

Usted puede dar regalos, pero no ser generoso. Los regalos casi siempre tienen motivaciones: cumpleaños, bodas, ascensos, etc., y muchas veces se otorgan por conveniencia o por orgullo para no quedar mal; también puede ser caritativo, dando a los que tienen necesidad, pero probablemente no le cueste ningún esfuerzo hacerlo. Todo lo anterior son buenos hábitos que deben ser cultivados, pero el concepto de generosidad tiene que ver con ir más allá, se trata de dar con el mayor esfuerzo. Por eso todo el mundo tiene la capacidad de ser generoso.

Haga el hábito de ser generoso; aprenda a estar pendiente de las necesidades de su entorno y comprométase a solucionar problemas a los demás sin esperar nada a cambio. La generosidad es uno de los hábitos que más nos cuesta establecer porque nos afecta directamente en el bolsillo, y el señor dice: «Donde esté tu tesoro, allí está tu corazón», lo que quiere decir que normalmente andamos con el corazón en el bolsillo.

Las personas generosas son como el padre Abraham, que sin saber con quiénes hablaba, mandó a buscar el mejor plato para los extraños que pasaron por su propiedad, resultando que se trataba de ángeles. *(Génesis 18)* Abraham produjo una familia numerosa; Isaac, Jacob y José fueron todos hombres generosos. El generoso da lo mejor y no acepta dádivas. El generoso no se aprovecha de las necesidades ajenas; el generoso tiene un corazón noble que está dispuesto a compartir con los demás. Dé la mejor parte de su vida, dé con abundancia, que nunca atraerá a otros hacia usted si se acostumbra a dar lo poco y lo peor.

Día 78

CAPACÍTESE Y ENTRÉNESE

¡Ay de vosotros, maestros de la ley! Porque habéis quitado la llave del conocimiento. Vosotros mismos no entrasteis, y a los que entraban se lo impedisteis.

Lucas 11:52 (LBLA)

La capacitación es una herramienta imprescindible para el crecimiento y para adquirir conocimiento. Es una inversión de las más rentables que un ser humano puede hacer, porque redunda en beneficios no solo para sí, sino también para su entorno. El hombre o la mujer que quiera pensar de forma sabia e inteligente con respecto a lo que sea, debe capacitarse.

Capacitarse aumenta el nivel intelectual de las personas y les ayuda a ampliar la visión, a tomar decisiones, a mejorar la comunicación, a resolver problemas y a forjar el liderazgo.

Abre puertas interesantes para el éxito y es una herramienta clave para eliminar la incompetencia y los temores, pues ayuda a incrementar la confianza y la asertividad. Es un valor que intensifica la productividad y la calidad de lo que se hace.

Aún sea que esté comenzando sus estudios o que tenga un nivel superior más avanzado, le animamos a seguir capacitándose. Muchos individuos pueden sentir que no están avanzando en sus estudios y toman la decisión de tirar la toalla, lo cual es una equivocación. Si ese es su caso, no tire la toalla, siga adelante; descubra lo que más le gusta hacer y capacítese en ello. Otros, por el contrario, piensan que son muy sabios y que no necesitan aprender nada más porque ya todo lo saben, y esa actitud es mucho peor.

También en lo que tiene que ver con lo espiritual es necesario aprender y capacitarse. Muchos líderes cristianos del pasado cortaron las alas de jóvenes creyentes diciéndoles que no era necesario aprender ni estudiar; ellos mismos no lo hacían e impedían que sus miembros lo hicieran, quitándoles la llave del conocimiento. Tanto los líderes como la iglesia local deben hacer esfuerzos e invertir tiempo y recursos para que sus miembros sean individuos enteramente preparados para toda buena obra e incentivarlos a que se desarrollen y crezcan personal y socialmente.

Si usted es un deportista o un artista, cualquiera que sea la disciplina que haya elegido, entrénese lo mejor que pueda y practique. Dedique las horas que sean necesarias para capacitarse y perfeccionarse en ello. Realice cursos, asista a charlas, conferencias, debates. Lea todo lo que pueda para capacitarse. Asista a seminarios y talleres sobre el ramo que le compete y sobre asuntos generales de la sociedad. Manténgase informado. Que el desinterés, la pereza y la apatía no le lleven a dejar de capacitarse y de entrenarse, porque cuando pasen los años y el fracaso le abrace, se dará cuenta del valioso tiempo que perdió y se lamentará por no haberlo hecho.

Promueva el desarrollo, capacítese y capacite a otros. Si tiene empleados invierta en su desarrollo, pues eso redundará en grandes beneficios para su empresa. Las personas tienen un mayor rendimiento cuando aplican conocimientos, cuando sienten que se les brindan oportunidades para desarrollarse y crecer.

Día 79

EL HÁBITO DE LA PUNTUALIDAD

Todo tiene su tiempo, y todo lo que se quiere debajo del cielo tiene su hora.

Eclesiastés 3.1 (RVR 1960)

Hemos hablado de los mosaicos del éxito y voy a repetirlo en esta ocasión: La vida es un asunto de cuadros, y para usted ser exitoso debe intentar tener cuadros perfectos. Si mantiene sus cuadros desalineados y sin exactitud, usted se irá convirtiendo en una persona mediocre.

Uno de los aspectos en donde más podemos ver esto es en la puntualidad. Si usted se acostumbra a llegar media hora tarde a todos los lugares donde debe estar, sin quererlo, está colocando en sus mosaicos cuadros mal hechos. Aunque usted se crea perfecto, si llega media hora tarde al trabajo, media hora tarde a una cita con un cliente, media hora tarde a un curso o la universidad, media hora tarde a la iglesia y media hora tarde a una cita con su pareja, sus hechos dicen que usted tiene cuadros imperfectos.

Los cuadrantes del tiempo son iguales para todo el mundo, por lo que no existe un tiempo para usted y otro para los demás. Cuando llegamos un minuto tarde, afectamos los cuadros de otras personas que sí buscan la perfección, por lo que no solo somos mediocres, sino que invitamos a los demás a serlo, y de hecho, muchas veces forzamos a los demás a serlo.

Una de las características de los hombres de éxito es la puntualidad. Ellos no son puntuales por respeto a usted, lo son por respeto a sí mismos. La perfección y el éxito son asuntos de hábitos, y se requiere que la puntualidad sea conectada con todos los hábitos que puedan existir.

Para construir un hábito, usted necesita antes que nada ser puntual, porque de lo contrario, los cuadros de su vida quedarán completamente deformados, pero sobre todo, no cuadrarán con los cuadros de los demás.

La puntualidad cuesta, y créanos, a nosotros nos sigue costando. Por eso le recomendamos que sea puntual y verá el éxito llegar a su vida.

Día 80

SEA OBSERVADOR

Entonces Moisés, mirando, se maravilló de la visión; y acercándose para observar, vino a él la voz del Señor.

Hechos 7.31 (RVR 1960)

L as personas que viven distraídas se pierden muchos detalles de la vida y de los demás. No podemos vivir con tanta rapidez que nos impida ver los detalles más importantes del mundo que nos circunda.

Todos los días hay miles de señales que Dios nos envía para advertirnos del futuro. Por otro lado, hay cientos de necesidades que están a nuestro alrededor; sin embargo, por no observar, las pasamos por desapercibidas. La observación es una técnica que nos permite sacar lo mejor de cada momento de la vida y nos permite disfrutarla. También es una técnica que nos permite aprender, pues todos los seres vivos observan, y aquel que no lo hace es porque no tiene sentidos o está ausente.

Observar los detalles nos hace ganar o perder y nos convierte en personas de perspectiva. Podemos obtener hechos y realidades, lo que nos ayuda a definir puntos de vista. Los hombres de éxito suelen no perder de vista los detalles. Se habla de que Napoleón observaba a sus soldados e inspeccionaba personalmente sus raciones de comida, sus vestidos y calzados. Usted puede hacer de la técnica de observación un hábito. Observe a su pareja, a su hijos, a su familia, sus amigos, su iglesia, sus líderes y compañeros de trabajo. Observe su entorno. Se dará cuenta de muchas cosas a las que no les prestaba la menor atención.

La necesidad de observación nos va a diferenciar de los demás y no tiene nada que ver con el hábito de husmear o fisgonear. Al ser observador usted podrá obtener información precisa que de otra manera no lograría obtener; le ayudará a mejorar muchas áreas de la vida como sus relaciones, su compromiso con las entidades a las que pertenece, su trabajo o su negocio. Cuando la observación es objetiva usted aumenta su productividad, descubre errores y desarrolla una capacidad de respuesta más acelerada.

Observe todo lo que está a su alrededor y descubrirá detalles de todo lo que le rodea; de esa manera, ejercitará su mente y se dará cuenta de su potencial y de la capacidad que tiene de hacer cosas. Tome notas, tome fotografías, grabe, escuche con atención, lleve registros y esté presente de manera real en su entorno.

Día 81

APRENDA A DELEGAR

Además escoge tú de entre todo el pueblo varones de virtud, temerosos de Dios… y ponlos sobre el pueblo…. Así aliviarás la carga de sobre ti, y la llevarán ellos contigo.

Éxodo 18.21–22 (RVR 1960)

L as personas necesitan sentirse útiles y creativas, pues eso les da sentido de aceptación. Por otro lado, están aquellos que necesitan aliviar sus cargas, por lo cual deben delegar. Al delegar no solo usted se beneficia, sino que otorga a otros la oportunidad de prepararse y de aprender en ciertas áreas, a la vez que les da participación en las responsabilidades. Un líder efectivo siempre delega porque sabe que su liderazgo no es eterno y que más adelante se necesitará de un relevo para ese liderazgo.

El patriarca Moisés, influido por su suegro Jetro, tomó la

decisión de crear un ministerio judicial a fin de que se juzgaran los casos pequeños y los de mayor envergadura fueran manejados por él directamente, y esa fue una sabia decisión. Su suegro había visto todo lo que Moisés estaba haciendo y la carga que llevaba, así que le dijo: «¿Por qué estás sentado ahí tú solo, mientras el pueblo se queda de pie a tu alrededor todo el día? Lo que estás haciendo no está bien; tanto tú como el pueblo se van a cansar. No debes hacer este trabajo solo; facilítate las cosas y delega». *(Éxodo 18)*

Delegue y haga asignaciones. Hay casos en los que se debe dejar que la persona use sus ideas y tenga cierta independencia; tal es el caso de los ministerios o de las gerencias. Esta independencia debe ir acompañada de un seguimiento, pues no se trata de dejar las cosas manga por hombro. Hay otras tareas que son más concretas y específicas en las que solo basta dar la indicación, como por ejemplo las tareas rutinarias. No obstante, al asignar responsabilidades, sea preciso y concreto; explique las tareas con claridad, esto producirá un mayor rendimiento.

Delegue quehaceres en el hogar, delegue ministerios en la iglesia, delegue tareas en su negocio. La razón por la que muchas personas no delegan es porque tienen miedo de poner en manos de otros su trabajo, por temor a que le hagan quedar mal, por creer que pueden perder el control, porque piensan que nadie lo hace mejor que ellos o simplemente porque les da vergüenza y no se sienten con la capacidad de mandar a otros a hacer un trabajo.

Claro está, para delegar se deben elegir las personas adecuadas. No a todo el mundo se le confiere una responsabilidad. Seleccione cuáles son las cosas que quiere delegar y asigne a las personas correctas para esa labor, personas dignas de confianza, respetuosas, temerosas de Dios, que no se dejen sobornar y de buen testimonio, personas capaces, profesionales en el área y que tengan la habilidad de comprender y hacer lo que se les pide.

Delegar nos permite obtener los resultados que deseamos en un menor tiempo. Si ha decidido encaminarse al éxito, mida el costo-beneficio de cada actividad en tiempo y en dinero. Dedicarse a las actividades rutinarias hará que pierda más tiempo de lo que cree, y su tiempo vale mucho. Cuando utilice los servicios de otra persona o de alguna entidad calificada, se dará cuenta de que ha ahorrado más de lo que podía imaginar. Contrate taxistas, pida servicio a domicilio a lavandería, llame a un *delivery*, contrate un asistente, asigne líderes ministeriales que conformen equipos, nombre diáconos, pague a una secretaria y a un mensajero, reestructure su negocio, asigne una Dirección o una Gerencia, en fin, sea en el hogar, en el trabajo, en el negocio o en la iglesia, aprenda a delegar sabiamente y no se arrepentirá de los resultados.

La batalla contra mi propio yo

Día 82

ESCUDRIÑE LAS ESCRITURAS

La ley de Jehová es perfecta: convierte el alma.

Salmos 19.7 (RVR 1995)

No hay un *coaching* más poderoso que la Biblia. Las palabras escritas en este libro son la llave para obtener ánimo, valentía y las advertencias que necesitamos para llevar una vida fructífera. Ella es la más poderosa herramienta para enseñar, para corregir y para instruir en justicia, pero más que eso, es la que nos guía hacia el conocimiento de Dios y nos lleva hacia el camino de la sabiduría y de la vida eterna.

Es la palabra sagrada de Dios la que nos guía a pensar y actuar libremente, porque a través de ella conocemos la verdad de las cosas y esas verdades nos conducen a la libertad: libertad de pensamiento, libertad para amar, libertad de valentía, libertad de emprendimiento, libertad de gozo, libertad para la esperanza, libertad de crecer, libertad para perdonar, libertad para todo lo que es bueno, justo y honesto. Es la que hace volver el alma de los que andan perdidos en el camino.

Al escudriñar la Biblia, usted podrá encontrar la lámpara que sus pies necesitan para cambiar de rumbo y la lumbrera para ese nuevo camino que ha de emprender hacia la victoria y el triunfo. A través de la Biblia somos confrontados en nuestra manera de vivir; ella manifiesta los errores que ante nuestros propios ojos son ocultos; es refugio en las pruebas y bálsamo para las heridas del alma. Si se encuentra herido o en dificultades que no sabe cómo manejar, tal vez desorientado en el camino, no podrá avanzar mucho, sin embargo, al escudriñar las escrituras encontrará el ánimo, la motivación y las ordenanzas para salir adelante.

El éxito que particularmente hemos vivido, no se debe únicamente a nuestros talentos, a nuestro trabajo o a todo lo que hemos emprendido. A pesar de que esto ha tenido que ver en algún sentido, la razón fundamental por la que lo hemos logrado es porque tuvimos un día la oportunidad de conocer a Dios y conocer su magnífico libro y hacerlo nuestro manual de vida. Es la palabra de Dios que hace sabio al sencillo y al inexperto.

«La ley de Jehová es perfecta, hace volver el alma. El recordatorio de Jehová es fidedigno, hace sabio al inexperto. Las órdenes de Jehová son rectas, hacen regocijar el corazón; el mandamiento de Jehová es limpio, hace brillar los ojos». *(Salmos 19.7–8)*

Día 83

CUIDE SUS INTERPRETACIONES

Por lo cual eres inexcusable, oh hombre, quienquiera que seas tú que juzgas; pues en lo que juzgas a otro, te condenas a ti mismo; porque tú que juzgas haces lo mismo.

Romanos 2.1 (RVR 1960)

Un niño se encontraba en la calle pidiendo, y un doctor le preguntó, por qué pedía si podía trabajar. El doctor le gritó de forma grosera que las personas no deben salir a pedir a las calles. Tres días después, el doctor volvió a ver al niño en el hospital donde prestaba servicio, acompañando a su madre la cual padecía un cáncer terminal. Esta pequeña familia carecía de un adulto que asumiera la responsabilidad. El doctor quedó sorprendido de cómo el niño asumía el rol de adulto, haciéndose cargo de ella. Para su sorpresa, a la madre del niño le tocó el turno en su consultorio; el niño le preguntó cuánto era el costo de la consulta. El doctor le contestó e inmediatamente el niño sacó una pequeña bolsa con cientos de monedas y pagó centavo a centavo el valor de la consulta, sin aceptar por nada que el médico le descontara uno solo o le tuviera lástima. El niño no recordó al doctor, pero el doctor sí recordó al niño.

Nuestra interpretación sobre un hecho puede hacernos cometer graves errores. Todo cuanto pasa en nuestro medio ofrece distintas lecturas y si usted es muy pronto para juzgar e interpretar, le aseguro que va a ofender a muchas personas y a perder buenos colaboradores.

Haga el hábito de no interpretar ni condenar a las personas. En el transcurso de la vida será necesario juzgar situaciones, pero antes de formarse un concepto sobre los demás, mejor pregunte con paciencia. Si se trata de un caso particular indague cómo ocurrieron las cosas, investigue cada detalle con la persona involucrada y luego haga una correcta interpretación de los hechos. Asegúrese de que, lo que dice, lo dice porque está completamente seguro de que así es, porque con la misma medida con que juzgue o interprete, será medido. Que lo que decida creer esté amparado sobre fundamentos que haya analizado y que sean veraces; no lo interprete porque sí o porque otros le hayan dicho. Antes de condenar, mírese a usted mismo a ver si encuentra alguna falta en el espejo.

Tome el hábito de tomarse tiempo antes de reaccionar y de dar conclusiones. No tome decisiones en momentos de ira, porque puede estar mal interpretando. A propósito, reflexione sobre las interpretaciones incorrectas que ha hecho en el pasado y si tiene que pedir perdón por algunas de ellas es bueno que corra y lo haga como si fuera su último día, como si fuera su última oportunidad.

Día 84

SUEÑE Y HÁGALO EN GRANDE

Es, pues, la fe la certeza de lo que se espera, la convicción de lo que no se ve.

Hebreos 11.1 (RVR 1960)

L a canción «Creeré» lleva un mensaje que desafía a las personas a creer, porque el que no cree, no podrá lograr muchas cosas. Un edificio primero se hace en los planos y luego se hace en físico; los planos son el ejemplo vivo de lo que significa creer.

Los sueños son el plano de lo que creemos; si usted no sueña con algo grande, podría significar que en verdad no cree. La fe es la certeza de lo que se espera y la convicción de lo que no se ve. Si las personas no sueñan, quiere decir que no esperan nada, y si usted no espera nada, no puede tener fe. Para tener fe, lo primero que hay que hacer es creer en algo que se espera y estar convencido de que lo va a ver.

La fe va más allá de la lógica y de las posibilidades humanas, recorre el mundo de lo extraordinario y de lo sobrenatural. Es la convicción de los hombres de fe lo que ha movido al mundo. Nada extraordinario se ha hecho sobre la tierra sin fe. Todo lo grande que existe en el mundo ha venido del convencimiento de hombres a quienes Dios ha puesto en su corazón alcanzar un sueño. Sin embargo, las personas que no tienen fe son especialistas en matar sueños. Ellos suelen decir: ¿Cómo lo vas a hacer tú un inexperto?

¿Cómo lo vas a hacer con tantas limitaciones?

La fe, como todo don, debe ser ejercitada y requiere de acción. Por tanto, sueñe, pero sueñe cosas grandes y tenga fe. Piense en sus sueños varias veces al día, haga que su mente y sus ojos revisen sus sueños de forma constante y fije la imagen de lo que desea con tal claridad que pueda visualizarlo aunque no vea ningún papel. Cuando usted se propone algo de esta forma, puede estar seguro de que en el tiempo verá los resultados. Sueñe, camine y ejecute consistentemente su visión. La muestra de nuestra fe es salir a perseguir un sueño conscientes de que hay un Dios dispuesto a apoyarnos.

Comprométase a escribir en un lugar los 20 sueños de su vida. Escríbalos con tanta rigurosidad como si se tratara de su vida misma, porque en realidad de eso se trata. Sus sueños son su vida; si no tiene sueños claros, quiere decir que su vida no está clara y que su tiempo es algo que desprecia sin saber exactamente hacia dónde va.

Sueñe, que la vida sin sueños es triste, aburrida y sin futuro. Sueñe y crea en grande.

Día 85

LLEVE CUENTAS Y QUE SEAN CLARAS

Las riquezas apresuradas disminuirán, pero el que junta poco a poco irá en aumento.

Proverbios 13.11 (RVA 2015)

El dinero es muy parecido al agua, se escapa de las manos de una forma impresionante. Uno podría tener las manos llenas de agua, y en segundos, verla salir por entre los dedos. Lo mismo pasa con el dinero; hoy tenemos, y mañana, debido al gasto diario, sin darnos cuenta podríamos no tener nada. El dinero es lo que nos mueve a trabajar todos los días; sin embargo, hay personas que están gastando su dinero y no saben en qué lo gastan. El que no sabe en qué gasta su dinero, no sabe en qué gasta su vida.

El dinero requiere un absoluto control, no porque lo amemos, sino porque Dios lo ha dado en administración. Si usted logra controlar su uso, habrá tomado una de las decisiones más importantes de su vida, porque el que no sabe manejar su dinero, tampoco sabe manejar su vida.

Haga el hábito de llevar cuentas claras; anote en un registro de gastos, en un cuaderno o libreta especial todo lo que gasta con exactitud, de esa manera podrá evaluarse financieramente y ver en dónde está fallando con el uso del dinero. Anote los cheques que emite, trate de regirse lo más que pueda por un presupuesto. No presupuestar es fatal porque entonces gastará el dinero en lo primero que se le ocurra. Destine las tarjetas de crédito para cosas específicas, por ejemplo, para combustible o servicios que pueda pagar vía telefónica, de esa forma sabe en qué ha usado el crédito. Tome control de su efectivo y haga lo posible por tener una exactitud milimétrica de su dinero.

Los hombres de éxito saben lo que tienen, cómo lo tienen y en qué se usa cada centavo que sacan de sus bolsillos y sus cuentas. Cuando tenga que hacer una inversión no se deje llevar por la emoción y la prisa. Del ahorro ya hemos hablado, pero es bueno volver a recalcarlo: reserve dinero y ahorre para cuando tenga una emergencia. Mantenga pendiente las vigencias de sus pólizas de seguros en todos los ramos y reserve esa prima anual para cuando llegue el momento de pagarlas. La educación cuesta, sobre todo a nivel privado, por eso, es mejor si el colegio se paga semestral o anualmente; abrir una cuenta de ahorros para el colegio y destinar una cantidad mensual para ir depositando en la misma le ayudará a no tomar préstamos escolares.

Haga que todas sus cuentas estén cuadradas y claras; pague al que le debe y no deje que lo sorprendan pasando una tarjeta de crédito que no tiene fondos. Para evitar el momento vergonzoso de la tarjeta que no tiene fondos, antes de comprar, esté completamente seguro del balance disponible; pero tampoco deje que el disponible que tiene, si es mucho, le gane la batalla del control, pues cuando hay mucho disponible en cualquier tarjeta de crédito, no existe ningún problema para gastarlo todo. El control se nota cuando a pesar de tener dinero disponible en su tarjeta, usted está seguro de qué mínimo debe usar.

No se deje influenciar por las presiones sociales y las apariencias. Hay personas que se endeudan a tal punto que ni siquiera se alimentan bien, debido a que viven una vida completamente plástica, sin tener el poder económico para sostenerla. No se deje engañar; a fin de cuentas, es usted quien tiene que buscar el dinero, no los que lo empujan a tener cierto status visual.

Comprométase hoy a no dejar su dinero en el aire, a llevar registros claros. Guarde sus recibos y concílielos a fin de mes; haga un registro digital o físico que le permita comparar un mes contra el otro y descubrir hacia dónde va su dinero y cómo crecen o no sus finanzas. El Señor ha dicho que si en lo poco hemos sido fieles, en lo mucho él nos pondrá, así es que si no somos capaces de controlar lo poco que recibimos, no esperemos de Dios que nos dé lo mucho. Controle su dinero, de lo contrario, estará tirando todo su tiempo en un zafacón.

La batalla contra mi propio yo

Día 86

RESPETE A LAS AUTORIDADES

Así que es necesario someterse a las autoridades, no sólo para evitar el castigo sino también por razones de conciencia.

Romanos 13.5 (NVI)

Somos seres humanos; nos es difícil someternos a alguien que esté por encima de nosotros, especialmente cuando no tienen la razón. Muchas veces nuestro orgullo disfrazado de dignidad nos impide respetar las decisiones de los superiores.

Otras, simplemente tenemos la razón, y naturalmente, estaríamos dispuestos a dar el todo por el todo para probarlo.

Una autoridad es toda persona que está por encima de nosotros. Esto incluye, no solo las gubernamentales, judiciales y de Estado, sino a nuestros padres, nuestros jefes, supervisores, maestros, autoridades escolares o universitarias, pastores, sacerdotes y líderes eclesiales.

Tener el hábito de respetar y someterse no es fácil. En el matrimonio no es fácil que la esposa se someta en amor cuando el marido debe tomar una decisión como una última palabra, en la escuela no es fácil que los niños se sometan, y tampoco es fácil someternos como ciudadanos responsables cuando se dice tanto acerca de los políticos y los gobiernos. Sin embargo, someterse es un mandado de Dios que trae consigo sus recompensas.

Haga el hábito de respetar a toda autoridad. No quiere decir que tiene que estar de acuerdo con todo, pero es su deber hacerlo. Si es usted quien ejerce la autoridad, y así es si tiene hijos, de seguro desea que se le obedezca y se le respete. Imagine a un soldado en un campo de batalla que no acate las órdenes y no respete la línea de mando; eso atentaría contra su propia vida y la de sus compañeros. Someternos en obediencia es algo que contribuye a nuestro propio bienestar, porque el no someternos indica que en algún sentido somos rebeldes, y antes de la caída y la destrucción va el orgullo y la altivez de espíritu. *(Proverbios 16.18)*

Además, no someterse a la autoridad cierra muchas puertas, pues nadie quiere tener a su lado a un ser que por demás es desobediente y rebelde.

De alguna manera, las autoridades prestan un servicio y están puestas por Dios. Los gobiernos se dedican a realizar las gestiones de Estado, los maestros nos guían en la enseñanza, los jefes y autoridades empresariales nos benefician con un salario que sea poco o mucho nos resuelve muchas dificultades. Los padres son el reflejo de la autoridad de Dios en la tierra; los esposos están para amar, proveer y proteger a sus esposas; los pastores y líderes ministeriales nos guían hacia el conocimiento de Dios y hacia el camino de la vida eterna. Toda autoridad ha sido puesta con algún propósito.

Pague sus impuestos, respete y sométase a las leyes de inmigración, cuando le toque ejercer el voto infórmese bien. El hecho de que las autoridades son catalogadas como corruptas, no nos exime de nuestra responsabilidad de someternos y respetarles. Respete las leyes de tránsito, no robe, no utilice sustancias prohibidas, no infrinja la ley para que no tenga que pagar las consecuencias. Dios quiere que aprendamos algo por medio de las autoridades y por esa razón están ahí.

Recuerde el hábito del silencio, calle cuando sea necesario. Si nos sometemos a las personas que Dios pone como autoridad sobre nosotros, sea quien sea, podemos estar seguros de que nos irá bien y seremos personas de éxito.

La batalla contra mi propio yo

Día 87

QUE EL MOMENTO LO ENCUENTRE LISTO

Pero mientras ellas iban a comprar, vino el esposo; y las que estaban preparadas entraron con él a las bodas; y se cerró la puerta.

Mateo 25.10 (RVR 1960)

Es un dicho popular aquel que se refiere a los famosos cinco minutos de fama. Lo cierto es que hay momentos y lugares donde no habrá cinco minutos de fama, sino tres o uno, y con esos contaremos para mostrar a los demás nuestra capacidad. Es ahí donde las diez mil horas de práctica o de dedicación deben ponerse de manifiesto. Y es que la profesionalidad trascendente llega después de las diez mil horas de trabajo intenso. Por esa razón, usted debe trabajar todos los días intensamente y debe pensar en prepararse constantemente para cuando le llegue ese momento especial que la vida le concederá.

Nunca subestime el lugar donde se le da una oportunidad, a veces el lugar menos ostentoso es la puerta que Dios abre para llegar a las naciones, a lugares de mucha altura. Es por ello que el libro de Proverbios habla de aquel hombre que por su intenso trabajo llegó a estar en los palacios reales.

Trabaje todos los días para estar preparado, que cuando la bendición toque a su puerta usted tenga las suficientes vasijas que le permitan recoger el aceite y la harina que sustentarán su vida. Dios lo puede bendecir, pero usted es quien debe buscar las vasijas.

Haga el hábito de prepararse para sus encuentros, sus presentaciones, sus clases, sus reuniones, etc. Hay un popular refrán que dice: «Que no lo encuentren asando batatas». Recuerde que las personas esperan lo mejor de usted, ellos entienden que usted es la estrella de la noche. Haga un programa, un guión y un esquema de lo que va hacer. No deje que la improvisación sea su mejor amiga, pues aunque tenga mucho talento, las personas notan cuando estamos preparados y cuando no lo estamos. Puede que lo que haga le quede muy bien aun sin haberse preparado, y mucha gente lo verá, sin embargo, esas personas no tendrán la motivación para volver a invitarle o a vincularse con usted, por cuanto usted no demostró su excelencia y su preparación en el primer encuentro, y no siempre tenemos una segunda oportunidad.

Comprométase a preparar todos los materiales que va a necesitar en cada momento, sus herramientas, haga una presentación previa del esquema que piensa seguir y lleve sus archivos en una memoria. Lleve sus tarjetas de presentación y todo lo que necesite para mostrar que usted no es un improvisado, que usted está preparado. Si le toca subir en algún momento a demostrar lo que sabe repentinamente, que no lo agarren asando batatas. No desperdicie las oportunidades.

Día 88

CONFÍE EN DIOS

Por demás es que os levantéis de madrugada, y vayáis tarde a reposar, y que comáis pan de dolores; Pues que a su amado dará Dios el sueño.

Salmos 127.2 (RVR 1960)

L as palabras «equilibrio, poder y autoridad» son tres palabras muy conocidas en el mundo de la motivación y del *coaching*. Hay una parte de los resultados que depende mucho del ser humano, depende de sus hábitos y del esfuerzo que realizan. El hombre y la mujer que deseen lograr el éxito, sin duda alguna, deberán esforzarse más que el ser humano promedio. En este libro hemos desarrollado 89 hábitos de personas que logran el éxito en todas las áreas de la vida. Estos hábitos requieren de mucha disciplina y constancia. No obstante, hay un ingrediente que es clave para mantener el enfoque de lo que estamos haciendo. Ese ingrediente especial usted puede convertirlo en un hábito para su vida; se trata de poner la confianza en Dios.

Recurrir a Dios en los momentos difíciles y aceptar con humildad lo que no podemos cambiar nos permite ver nuestra humanidad, nos hace ver que hay límites y que hay cosas que solo Dios puede obrar. Él es la perfecta definición de «equilibrio, poder y autoridad».

En ocasiones, nosotros también hemos puesto nuestra confianza en amigos, familiares, en los negocios, en los líderes y en todo tipo de personas; sin embargo, nada de esto ha podido ayudarnos. Son muy conocidas las frases: «Confía en ti, tú puedes hacerlo, cree en ti mismo». Esto es cierto, pero solo hasta un punto, pues habrá momentos en los que lo único que podemos hacer es estar quietos y confiar en aquel que sí lo puede todo. Dios nos anima a que nos encomendemos y confiemos en él, de hecho, nos reta a hacerlo *(Salmos 37:.4)*.

No podemos negar que en la vida hay situaciones que humanamente son imposibles, y cuando decimos: «Yo solo puedo» y pensamos que somos tan fuertes que no necesitamos la ayuda de Dios, estamos poniendo una barrera que sale a la vista cuando el asunto verdaderamente no tiene solución. Es justamente en esa imposibilidad que Dios obra con su poder para encaminar las cosas en el orden correcto.

Por demás es que nos esforcemos, acumulemos riquezas, ganemos fama y reconocimiento si no podemos ni siquiera conciliar el sueño. Confiar en Dios nos fortalece, nos anima, nos da sentido de consolación, de que no estamos solos. Muchas personas se preguntan por qué la mayoría de los cristianos se quedan serenos en momentos dolorosos o difíciles como una enfermedad, una muerte, un fracaso financiero o un despido laboral, pero no es que seamos inmunes, sino que la confianza que tenemos en Dios de que él está en control de todo nos da la certeza de que sea lo que suceda todo obrará para bien. Después de todo, el es quien ha vencido al mundo.

Decida hoy poner su vida completamente en las manos de Dios y comience a ejercitar su confianza en él. Los momentos de dificultad son inevitables mientras estemos en esta tierra, pero podemos decidir cómo reaccionaremos ante ellos. Ver esas dificultades desde la perspectiva de Dios nos ayudará a comprender que los obstáculos o contrariedades pueden convertirse en las oportunidades que Dios puede usar para nuestro crecimiento.

Día 89

EVALÚESE, REFLEXIONE Y CAMBIE

Examinemos nuestros caminos y escudriñémoslos.

Lamentaciones 3.40 (NBLH)

Una de las cosas que hacía especial al rey David era su capacidad de reflexión y de auto evaluación. En sus Salmos se puede observar el deseo de ser escudriñado por Dios y el anhelo de querer cambiar. Su frase: «lávame y hazme mas blanco que la nieve» *(Salmos 51:7)* nos refleja la necesidad de David de hacer conciencia de su situación y su constante deseo de crecimiento y cambio.

Al evaluarnos damos un paso gigante en la vida, pues dejamos atrás lo que otros dicen y entramos en una dimensión sorprendente, pues nadie, después de Dios, puede llegar más profundo en nuestro ser que nosotros mismos; usted sabe cosas de su persona que nadie sabe. Cuando esa evaluación se convierte en una reflexión, resulta ser algo muy poderoso, y a parte del Espíritu Santo de Dios, es lo único que realmente puede cambiar a un ser humano.

Al reflexionar sobre nuestros actos, palabras, temperamentos y decisiones nos convertimos en seres de cambio y de un crecimiento constante. Los mayores errores de la vida se comenten por no reflexionar sobre el propio comportamiento y sobre los hábitos desarrollados, lo cual vuelve al individuo ciego, sordo y mudo, y posteriormente lo lleva al fracaso. Nadie quiere tomarse tiempo con una persona que, además de tener estos tres defectos, no quiere salir de ninguno de ellos.

Tome el hábito de evaluarse; no es posible ser una persona perfecta. Todos cometemos constantes errores y vamos creciendo paso a paso, lo que quiere decir que si usted hoy es más grande que ayer, en cualquier sentido de la palabra, es porque ayer cometía un error que hoy no comete; algo pasó en el transcurso de un día a otro, lo cual nos deja ver que es necesario evaluarse constantemente. Luego, haga el hábito de reflexionar sobre los aspectos evaluados, lo cual es diferente. Por ejemplo, si mide del 1 al 5 su puntualidad, según el resultado que obtenga, usted reflexionará sobre el asunto y decidirá cómo va a mejorar. Por último, no hacemos nada evaluándonos y reflexionando si no tenemos un supremo compromiso con el cambio. Usted debe hacer el hábito de producir cambios en su vida. Si no tomamos la decisión de cambiar nadie puede hacerlo por nosotros.

El cambio de un ser humano solo puede producirse por un milagro del Espíritu Santo de Dios o por una profunda decisión personal de cambio, consciente de lo que eso implica. En ese sentido, los hábitos, las decisiones y las rutinas son fundamentales para venir desde atrás y volvernos personas radicalmente diferentes. Cuando nos evaluamos, reflexionamos y por último tomamos la firme decisión de cambiar, estamos tomando la ruta mas directa hacia el éxito. Tómela y reciba la bendición de triunfar.

La batalla contra mi propio yo

Día 90

CIERRE SUS CÍRCULOS

Mas el que persevere hasta el fin, éste será salvo.

Mateo 24.13 (RVR 1960)

Antes de finalizar este libro, queremos llevar la motivación de que termine lo que empezó. De igual manera, como el éxito es cuestión de tener cuadros perfectos, también podemos presentar la vida como una serie de círculos. Entrelazar sus círculos unos con otros le representarán una cadena. Su cadena de círculos será fuerte solo si estos se encuentran bien cerrados. Si sus círculos se quedan abiertos, quiere decir que la cadena de su vida es débil, y por tanto, no produce ningún tipo de garantía.

Cerrar los círculos quiere decir terminar lo que hemos empezado. Las cosas que abre y pone sobre la mesa deben ser concluidas. Al cerrar los círculos usted se va fortaleciendo en el ejercicio de la persistencia y de esta manera se habitúa a hacerlo en todas las demás áreas de la vida. Cuando se deja la universidad a medias, las relaciones a medias, la iglesia a medias y cualquier otra cosa, será un eslabón a medias en la cadena que la hará más débil. El éxito se compone de círculos cerrados. Una de las características de las personas de éxito es que no dejan cosas a medias, sino que intentan concluir todo lo que comienzan.

Haga el hábito de llegar al final de lo que empieza, para ello tendrá que escoger bien cuáles cosas va a empezar. Sin importar cuán insignificante sea la tarea, haga el hábito de concluirla. Los hábitos aplican no solo para las grandes cosas, sino también para las pequeñas. Si usted se habitúa a terminar las pequeñas cosas, entonces podrá hacer los mismo con los grandes proyectos.

Comprométase a hacer una lista de las actividades y tareas que ha empezado y ha dejado sin concluir. Piense sobre las personas que ha dejado esperando con algún proyecto, temas que no ha resuelto, relaciones inconclusas, en fin, busque la forma de cerrar todos los círculos que ha dejado abiertos. Si usted cierra todos los círculos pendientes verá que su vida será mas efectiva y sus resultados no se harán esperar. Lo más importante de este compromiso es lo bien que usted se sentirá al cerrar cada tarea abierta. Concluir una tarea levantará su autoestima.

Precisamente, en este momento cerramos el círculo de este primer devocionario sobre hábitos y actitudes. Aquí concluimos nuestro primer libro de desafíos. Esperamos muy pronto el próximo ejemplar, agradeciendo a Dios y con el anhelo de que este haya bendecido su vida.

Conclusión

Le felicitamos. Ha llegado al final en este emocionante viaje. Si logra aplicar por lo menos 20 de estos hábitos y hace de ellos una rutina, le garantizamos que al cabo de un año tendrá la enorme satisfacción de ver reflejado un cambio en su estilo de vida. Verá los resultados no solo con respecto al alcance de sus metas y objetivos, sino también en el bienestar físico, emocional y espiritual.

Cuando lleve un tiempo profundizando, organizando sus cosas, llevando una agenda, siendo puntual en las actividades, sacando tiempo para descansar y orar, dando de lo que tiene a otros, capacitándose, persiguiendo sus sueños, se dará cuenta que es mucho más feliz, tendrá una mejor salud y dejará de ser una victima de las circunstancias.

Recuerde que hay algo que se repite en todo el libro y es que los resultados son el producto del trabajo a largo plazo. Usted no puede esperar que las cosas ocurran de la noche a la mañana, su satisfacción será producto de tomarse un tiempo haciendo lo mismo. Puede que muchas veces falle, nosotros mismos lo hemos hecho, pero no se desanime. Aunque no vea el cambio de inmediato, el cambio llegará sin que usted lo perciba, se dará cuenta cuando los demás empiecen a comentarlo y ellos mismos le animarán a seguir haciéndolo.

Podemos añadir valor a nuestra vida diariamente siempre

que tomemos la decisión de hacerlo y paguemos el precio por nuestra transformación. El señor ha pagado el precio por nuestra salvación, pero es nuestra responsabilidad crecer diariamente en todos los aspectos que nos permitan disfrutar la vida en Cristo con mayor plenitud.

La batalla contra usted mismo comienza ahora. Recuerde que debe tomar una firme decisión, acompañada de evaluación y reflexión, establecer rutinas que fortalezcan los hábitos y luego podrá disfrutar de una plena satisfacción que llega con el cambio. Ore, confíe en Dios y rompa estructuras, rompa los paradigmas en su hogar que no le ayuden a desarrollar buenos hábitos, sea de bendición a otros y comience a dar ejemplo de cambio. Que otros puedan vivir junto a usted la construcción de una vida edificada sobre, no solo estos 90 hábitos, sino todos los que de aquí en adelante se irán sumando a medida que crezca y se encamine hacia el éxito.

Espere muy pronto nuestro próximo libro de reflexiones: «Las 7 vendas de Lázaro». En el mismo, usted encontrará respuestas sobre por qué muchas áreas de la vida espiritual no cambian, a pesar de haber sido salvos por Cristo y estar en la iglesia, y cómo podemos se cristianos sanos emocionalmente y más maduros.

Puede comunicarse con nosotros siguiéndonos en Facebook, Instagram y Twitter: Tercer Cielo y Dío Astacio. De igual manera puede hacerlo a través de nuestros canales de YouTube.

Agradeceremos mucho sus comentarios sobre este material. Para nosotros es de gran estimulación y edificación recibir sus opiniones y la realimentación de lo que ha producido en su vida. Puede escribirnos a:

tercercielo99@yahoo.com

info@dioastacio.com

dioastacio@yahoo.com

Dios le bendiga.